병상의 기도노트 365 – "함께 기도해 주세요"

당신의 아픔이
우리의 기도입니다

이대건 엮음

당신의 아픔이 우리의 기도입니다

병상의 기도노트 365 - "함께 기도해 주세요"

초판 1쇄 발행일 2023년 2월 22일

엮은이 이대건
펴낸곳 글땀 펴낸이 심연주
편집 장영래 홍창민
주소 전라북도 군산시 공단대로 571, 2층
연락처 010-2535-9798 팩스 063-465-0118
전자우편 callonsim@gmail.com
표지디자인 필디자인연구소   교회삽화 이승연

ISBN 979-11-978879-9-4   03230

* 책값은 뒤 표지에 있습니다.
* 잘못된 책은 구입하신 서점에서 교환해 드립니다.
* 이 책은 저작권법에 의하면 보호 받는 저작물이므로 문단전재와 복제를 금합니다.

당신의 아픔이
우리의 기도입니다

이대건 엮음

| 차례 |

엮은이 글 _ **이대건** / 7

추천의 글 _ **김창주 목사**(한국기독교장로회 총회 총무) / 12

축하의 글 _ **이경호 주교**(대한성공회 의장 주교, 서울교구장) / 14

_ **강성영 목사**(한신대학교 총장) / 16

기도노트 01. **부르짖음**이 우리의 기도입니다 / 19

02. **함께 아픔**이 우리의 기도입니다 / 51

03. **맡겨드림**이 우리의 기도입니다 / 77

04. **눈물 흘림**이 우리의 기도입니다 / 99

05. **하늘의 뜻**이 우리의 기도입니다 / 127

06. **애통함**이 우리의 기도입니다 / 153

기도노트   07. **약속 믿음**이 우리의 기도입니다 / 179

08. **안타까움**이 우리의 기도입니다 / 199

09. **사랑함**이 우리의 기도입니다 / 219

10. **기다림**이 우리의 기도입니다 / 243

11. **간절함**이 우리의 기도입니다 / 267

12. **결단의 삶**이 우리의 기도입니다 / 293

의학용어 설명 / 319

[일러두기]

기도노트 중 의학용어 뒤에 **표시된 ***는 독자들의 이해를 돕고자
「의학용어 설명」부분을 참고(서울대학교병원 의학정보) 바랍니다.

| 엮은이의 글 |

 우리는 기도하는 사람입니다. 기도하며 사는 사람입니다. 기도처럼 살아가는 사람입니다. 기도는 무엇일까요? 기도는 하나님의 뜻을 조용히 기다리면서 하나님께 간구하는 것이며, 나를 통하여 행하고자 하시는 하나님의 말씀을 기다리는 것임을 알면서도 환우의 어머니는 이렇게 기도하고 있습니다. "왜 우리 아기에게 이런 고통을 주시나요?", "얼마나 더 부르짖어야 합니까?", "뭐가 부족했습니까? 말씀해 주세요."

 병원에서는 그 '모든 것이 기도'입니다. 사랑하는 가족, 사랑하는 이를 향한 간절한 마음은 이미 '기도'입니다. 간절함으로 바라고, 간절함으로 돌보는 것은 이미 '기도하는 마음'입니다. 큰소리를 내며 부르짖는 것만이 기도가 아닙니다. '한숨도 기도'이고, '눈물도 기도'가 됩니다. 병원에서는 누구나 아주 평범한 '일상'이 '축복'임을 깨닫게 됩니다. 병원에 있는 동안 남을 '배려'하는 것, 사랑하는 법을 배우게 됩니다. 그래서 병원은 '사랑의 공간'이 됩니다. 옆 병상 환우의 아픔과 신음을 함께 나누고, 위로를 전하는 말 한마디가 큰 희망과 용기가 되는 것을 깨닫습니다. 그런 점에서 병원은 가장 낮은 자세로 '사랑'하는 것을 배우는 장소입니다.

'우리의 눈물은 기도'입니다. 소아중환자실에 있는 아이어머니의 간절함 앞에 함께 눈물을 흘립니다. 번개처럼 당장 이루어지기를 기도하지만, 간절함으로 기도하고 기다립니다. '기다림이 우리의 기도'가 될 때가 있습니다. 이뤄지기까지는 시간이 필요합니다. 이곳은 간절함으로 기도하는 곳입니다. 함께 '격려하는 힘이 우리들의 기도'가 됩니다. 아픈 사람들을 위하여 기도해 주십시오.

병원교회 예배실 입구에 『함께 기도해 주세요』라는 기도노트가 있습니다. 기도 요청을 적는 노트입니다. 눈물과 사랑으로 사연을 담은 글과 간절하게 기도를 요청하는 글로 가득 채워져 있습니다. 병원 밖에서는 너무나 당연한 일들이 감사이고, 기적체험은 생활에서 고백됩니다. 기도를 요청하는 기도자와 우리의 다른 점은 우리가 느끼지 못하고, 고백하지 못하고 있다는 것뿐이지요.

서울대학교병원 기독교원목실(병원교회) 40주년(1979-2019)을 맞이하여 지나온 날들에 대한 감사와 병원교회 목회 사역을 소개하는 책을 출판(2019, 간절함이 우리의 기도입니다)했습니다. 이 병상의 기도노트는 〈간절함이 우리의 기도입니다〉의 실질적인 내용입니다.

병원사역 20년(2003-2023)을 감사드리며, 기도를 모아 '당신의 아픔이 우리의 기도입니다'의 제목으로 기도집을 묶습니다. 365개의 기도문에는 "예수님의 이름으로 기도합니다. 아멘"이라는 문장 없이 기도를 마치는 것이 대부분입니다. 이는 '함께 기도해 주세요'라고 요청 받고 있는 여러분이 마지막 문장을 포함하여 기도할 때 우리(나와 너의 기도)의 기도가 완성될 것으로 믿기 때문일 것입니다.

병원에서의 아픈 상황은 모두가 다르기에 내용이 같은 기도는 없습니다. 이 책은 기도노트에 요청한 기도입니다. 공개되고, 공유되는 내용입니다. 기도하는 분의 마음 전부가 전해지기를 바라며, 정리한 것입니다. 간혹 표현이 어색하더라도 엮은이가 수정한 것이 아닙니다. 기도문 속에 언급된 이름은 부분적으로 우리말 이름으로 작명하였습니다. 「건강과 생명」에 실린 글 중 일부 기도문은 중복됩니다.

이 책이 출판될 수 있도록 후원해 주신 김성철, 변희진, 양종인, 이영애, 이정우, 최은옥 후원자분들께 감사를 드립니다.

기도문을 모아 '기도 노트'를 책 모양으로 정리해 준 장영래 목사, 원석을 다듬어 보석함에 담아준 심연주 님(글땀 대표), 표지를 디자인해 주신 필디자인연구소, 섬세함으로 격려해주는 윤찬우 목사(정락교회 담임목사), '축하의 글'을 써 주신 친구들 이경호 주교(대한성공회 의장 주교), 강성영 목사(한신대학교 총장), 김창주 목사(한국기독교장로회 총회 총무), 원목 사역지인 서울대학교병원과 서울대학교병원 기독봉사회, 병원교회 운영위원회, 병원교회 동역자, 교우들, 봉사자와 원목실의 민정임 님, 병원교회를 후원해 주시는 개인과 교회 그리고 병원목회 20년을 함께 기도로 격려해 주신 이진학 장로님, 사랑하는 아내와 영원한 지지자인 준호, 준명에게 감사드립니다.

환우들의 아픔이 나의 아픔(哀痛)이 되고, 기도하는 모든 이들의 아픔이 되어 "당신의 아픔이 우리의 아픔이며 기도입니다."라고 고백하며, 사랑으로 위로하는 목회되기를 소망합니다.

병원사역 20년을 감사드리며
2023년 사순절의 첫날 성회수요일에
연건캠퍼스에서 이대건

| 추천의 글 |

감사와 감격, 섬김을 다짐하는 이 책을 추천합니다

김창주 목사
(한국기독교장로회 총회 총무)

세상에……! 이렇게 많은 종류의 질병과 아픔, 눈물과 고통이 있는 줄 몰랐습니다. 이 책을 읽으면서 '비교감정'으로서의 '감사'가 아닌, '존재론적'인 '회개와 고백'이 넘쳐났음을 고백합니다. 서울대학교병원 병원교회 담임목사로서, 기독교원목실 원목실장으로서 이대건 목사님의 노고와 귀한 사역 그 자체에 존경과 사랑, 그리고 감사를 표합니다.

> "엄마", "아빠"라는 소리를 한 번만이라도 듣는 것
> 일어서서 한 발자국만이라도 걷는 것
> 아내의 목소리를 한 번만이라도 듣는 것
> 단 한 번만이라도 아들과 눈을 맞추고 환하게 웃는 것

이 모든 것이 기적이라니....!
그러면, 우리는 매일 기적 가운데 살아가는 사람들입니다.

중환자실에 있는 40대 여자 환우에게 물었습니다.
"지금, 가장 하고 싶은 것이 무엇입니까?"
"설거지입니다!"
모든 주부들이 가장 하기 싫은 일상, 설거지……. 그 일을 하는 것이 소원이라고……. 온 가족을 위한 봉사, 음식을 준비하고 장만하고, 맛난 식탁 봉사를 마친 후 깨끗이 정리해야 하는 설거지. 그 봉사와 섬김을 다시 한 번만이라도 더 할 수만 있다면 여한이 없겠다는 간절한 바람이었습니다.

감사와 감격, 깨달음과 봉사와 섬김을 다짐하는 이 책을 많은 분들이 읽고, 깨닫고, 더욱 겸손하게 인생의 의미를 생각하며, 감사하고, 서로 사랑하며 살게 되기를 바랍니다.

> "사람들이 사는 동안에 기뻐하며 선을 행하는 것보다 더 나은 것이 없는 줄을 내가 알았고 사람마다 먹고 마시는 것과 수고함으로 낙을 누리는 그것이 하나님의 선물인 줄도 또한 알았도다"
> (전도서 3:12-13)

| 축하의 글 |

원목으로 20년, 병원목회의 사역을 축하하며

이경호 주교
(대한성공회 의장 주교, 서울교구장)

건강한 사람들이 일상의 삶에서 누리는 자연스러운 일들, 예를 들면 날숨과 들숨의 호흡, 규칙적인 심장 박동, 물을 마시고 음식을 먹는 일, 대소변을 보는 일, 편안히 잠을 자고 일어나는 것은 물론 서로의 이름을 부르며 대화를 나누는 일들이 입원한 환우와 그 환우를 돌보는 가족에게는 정말로 중요합니다. 하나하나의 수치와 상태에 따라 환우는 물론 가족들 그리고 의료진은 기쁨과 절망이 교차합니다.

병원에서의 하루는 24시간이 아니라 분초 단위로 쪼개어 환우를 돌보아야 합니다. 특별히 생명이 위급한 상황이나 의학적으로 어려운 수술을 앞두고 있는 환우와 가족들은 물론 치료하는 의료진들조차 간절한 기도로 하나님의 도움을 구할 수밖에 없는 절박한 순간이 얼마나 많은지요.

이대건 목사님은 서울대학교병원 원목으로 지난 20년 동안 환우와 그 가족들을 돌보며 병원목회의 사역을 했습니다. 선한 의사이신 주님의 마음으로 병실을 찾아가 두려움과 절망 가운데 있는 사람들의 손을 잡아주었고, 그들과 함께 기도하며 하나님의 위로와 사랑, 용기 그리고 희망을 전하는 삶을 살았습니다.

그동안 환우와 가족을 위해 기도하며 이겨낸 삶의 이야기를 모아 〈간절함이 우리의 기도입니다〉에 이어 간절함으로 드리는 환우들의 기도를 모아 두번째 책을 발간하게 되었습니다. 참으로 기쁘고 감사한 일입니다. 그리고 진심으로 축하를 드립니다. 대학에서 함께 신학공부를 하며 우정을 나누던 동기 목사님이 자랑스럽습니다.

앞으로 목사님의 선한 사역이 주님의 이름을 빛내는 복되고 알찬 삶이 되시길 지지하며 기도합니다.

| 축하의 글 |

환우들을 위한 사역 20주년을 축하하며

강성영 목사
(한신대학교 총장)

절친(切親) 이대건 목사님이 서울대학교병원 환우들을 위한 사역 20주년을 맞이하여 환우와 가족들의 기도문을 모아 〈당신의 아픔이 우리의 기도입니다〉라는 제목의 책을 묶어 세상에 내놓은 것을 기쁘고 감사하게 생각합니다. 기쁨과 감사의 이유는 이 책이 담고 있는 목회직의 본질에 대한 강한 긍정입니다.

요즘 세상이 목회직의 가치를 잘 인정해 주지 않는 경향이 농후해지고 있는 것 같습니다. 목사는 "요즘 교회 잘 되냐?"는 질문을 받을 때, 목회직이 종교 비즈니스처럼 여겨지는 것에 자괴감을 느끼기도 합니다. 목회직이 하나의 직업에 불과한 것인지, 그와 구별되는 성직이라고 할지는 목회자의 소명만이 아니라, 세속사회의 인식에 달려있습니다. 최근에 세습이나 목회자의 비리 행위가 만연하면서 목회의 이미지가 교회 장사처럼 부정적으로 물들었습니다. 본질이 현상의 문제로 인해 오염되고 왜곡되었다고 볼 수 있습니다. 목회의 본질이 하나님의 인간에 대한 긍휼과 연민에 기초한 것이라면, 목회는 영혼, 마음과 몸의 전인(homo totus)에 대한 전적인 관심과 돌봄을 실천하는 것입니다.

이대건 목사님이 펴낸 이 책은 병원목회를 감당해 온 목사가 환우와 가족의 고통, 슬픔, 절망과 비탄을 외면하지 않고, 그 안에 뚫어 비치는 희망과 삶에 대한 긍정과 호소를 직시하는 진정성 있는 목회의 자세를 담고 있습니다. 솔직히 이 책에 담긴 환우들과 가족의 비탄과 절규에 가까운 365개의 기도를 읽으면 마음이 아프고 계속 페이지를 넘기기가 힘이 들 정도입니다. 그럼에도 불구하고 이대건 목사님께서 이 책을 통해 진정한 목회의 본질을 일깨워 주어 참으로 기쁘고 감사합니다.

코로나의 긴 터널을 지나 다시 우리를 찾아온 〈당신의 아픔이 우리의 기도입니다〉 책을 통해 우리 모두의 아픔과 절망이 치유와 온전한 회복으로 바꾸어지길 기도합니다.

01

부르짖음이
우리의 기도입니다

1 수면제 없이 잘 자는 제가 마치 죄인처럼 느껴집니다

벌써 2주가 지나갔습니다.
중환자실에서 탈출할 수 있을 거라는 소망으로
여태 버텨왔는데…….
인공호흡기를 2주째 달고 있으니 감염의 우려도 많고,
곧 기관지 절제술을 해야 하지 않나 싶습니다.
조혈모세포 이식* 후 2달이 지났어도 혈액수치는 바닥이고,
폐렴으로 아직껏 고통에서 헤어나오질 못하고 있습니다.
의식은 뚜렷해서 모든 통증을 진통제로 버텨내고 있습니다.
온몸은 수포로 벗겨져서 최일선 방어벽인 피부가 무너지고,
염증이 혈액에까지 퍼지면 **패혈증***으로
사망하게 될지도 모르는 긴박한 상황에 놓여져 있습니다.
모든 것이 하나님의 선하신 뜻 가운데 있음을 고백합니다.
고난 당하신 주님,
주님이 채찍 맞음으로 나음을 입었다는 고백을 할 수 있도록
치유의 손길을 경험케 하옵소서.
그리고 남편이 끝까지 투병하는 중에 하나님과 동행하며,
믿음의 끈을 놓지 않도록 도와주옵소서.

2주째 물 한 모금도 마시지 못하고 기계의 도움 없이는
한 호흡도 할 수 없는 남편 곁에서
자유롭게 호흡하고, 먹고,
수면제 없이 잘 자는 제가 마치 죄인처럼 느껴집니다.
그 고통을 조금이라도 나눠 질 수 없을까요?
오늘도 인공호흡기에 의지하여 투병하고 있는 남편에게
용기와 능히 감당할 수 있는 힘을 허락하옵소서.

2 제가 얼마나 더 부르짖어야 합니까

하나님, 하나님 살아 계시지 않습니까?
지민이에게 찾아오는 작은 시련을 하나님 막아주세요.
너무 어립니다. 불쌍히 여겨주세요.
제가 얼마나 더 부르짖어야 합니까?
제가 뭐가 부족했습니까? 말씀해 주세요.
부르짖는 사람의 간구를 들으시고 도와주신다고 하신 주님,
큰 것을 막아주고 계심을 믿습니다.
더 큰 것을 하나님께서 지켜주고 계심을 믿고 감사드립니다.

3 아가의 미소를 보면 누구나 다 천사라고 말하는데

주님의 은혜로 지담이가 수술을 무사히 마쳤습니다.

생각보다 짧은 수술 시간에 퇴원도 빠를 것이라 기대했는데,

생각지도 못한 잦은 구토로 인해

일주일 넘게 퇴원도 못하고, 원인도 제대로 찾지 못하고…….

계속된 금식으로 아이가 많이 힘들어 합니다.

저희 아가가 왜 이리 많은 시련을 감내해야 하는지요.

자꾸만 당신이 원망스럽습니다.

저희 아가의 미소를 보면 누구나 다 천사라고 말하는데,

정말 아기는 천사인데…….

제발 앞으로라도 건강한 삶을 누릴 수 있게

제 아기의 영과 육을 축복해 주세요.

하나님, 간절히 기도드립니다.

4 당장 눈을 뜨고 일어나실 것만 같은데

외과계 중환자실에 계신 우리 아버지.
중환자실에 들어가신 지 한 달이 넘었습니다.
머리도 움직이고 혀도 움직이는데, 의사는 그냥 반사적인
행동일 뿐이라고, 거의 뇌사상태라고 말합니다.
지금이라도 당장 눈을 뜨고 일어나실 것만 같은데…….
그동안 아빠한테 잘못했던 일들
하나하나 떠오르고 눈물만 납니다.
하나님의 자녀는 육체가 죽어도 영원히 사는 것이라고
교회에서 배웠고, 성경에서도 보았지만,
저는 우리 아빠랑 더 긴 시간
인간으로서 세상에서 함께하고 싶습니다.
우리 아버지한테 하나님 기적의 능력을 조금이라도
보여주시면 안됩니까? 도저히 포기가 안됩니다.
저의 이기적인 생각일지 몰라도, 끝까지 기도드리겠습니다.
우리 아빠의 머리부터 발끝까지 하나님의 손길로
어루만져 주셔서 꼭 일어서도록, 회복하도록 해 주세요.
사랑하는 우리 아버지를 부탁드립니다.

5 지금은 힘들지만, 나중에는

사랑하는 제 동생과 늘 함께해 주세요. 큰 힘이 되어주세요.
용기 잃지 않도록, 희망 잃지 않도록 주님이 도와주세요.
병세가 호전되어 주님의 건강한 일꾼이 되게 해 주세요.
지금 너무 힘들어하고 있습니다.
중환자실에서 벌써 보름이 넘게 힘든 병과 싸우고 있는
제 어린 동생에게 기적을 베풀어 주세요.
인공호흡기 없이도 호흡할 수 있도록 해 주시고,
나쁜 암세포들도 다 죽여주세요.
아직은 이 세상에서 해야 할 일이 너무 많은 아이입니다.
주님, 제발 도와주세요.
지금은 힘들지만, 나중에는 웃을 수 있게 주님 도와주세요.
믿습니다. 살려주시리라 굳게 믿습니다.
중환자실에 있는 모든 어린 친구들과 함께해 주세요.
하나님께 감사의 기도만 드릴 수 있도록 도와주세요.

6 경련이 멈추고

사랑하는 아들 지인이가 16일째 경련과 **뇌염*** 증상으로
병상에서 의식이 없는 채로 싸우고 있습니다.
오직 하나님만이
우리 지인이를 일으켜 주실 수 있습니다.
하나님, 우리 지인이의 경련이 멈추고
보혈의 능력으로 깨끗이 치유될 수 있도록 인도해 주세요.

7 손상된 뇌를 어루만져 주시고

하나님 저희 아빠가 중환자실에 누워 계십니다.
하나님의 은총으로 몸 상태는 많이 회복되었으나,
의식이 돌아오질 않고 있습니다.
하나님의 크나크신 은총과 은혜로
저희 아빠의 손상된 뇌를 어루만져 주시고,
의식을 찾고 가족과 함께할 수 있는 날이 오기를 원합니다.
제 기도에 귀를 기울여 주시어 꼭 일어날 수 있게 해 주세요.

# 8 지금 무의식 중에 생명의 끈을 놓지 않고 있습니다

지현이라는 예쁜 아이가 지금 무의식 중에
생명의 끈을 놓지 않고 있습니다.
기도로써 그 아이의 행복한 모습을 보게 해 주세요.
하나님의 모든 힘을 믿습니다.

9 구강암이라는 진단을 받고 수술을 받은 지 5년

치과 병동 720호 환자 박영희 님을 위하여 기도해 주세요.
저는 환자의 막내아들입니다.
아직은 하나님의 말씀을 듣지 못하고 있습니다.
저희 어머님께서도 하나님의 말씀을 듣지 못하십니다.
어머니께서 **구강암***이라는 진단을 받고 수술을 받은 지 5년,
지금 재발하여 2일 후에 수술을 받습니다.
아직은 믿음이 부족하지만, 오늘부터 하나님을 믿도록
열심히 기도하고 예배드리겠습니다.
아무쪼록 저희 어머니의 수술이 무사히 마칠 수 있게
기도해 주시면 감사하겠습니다.

10 한 번만이라도 눈 맞추고 이야기할 수 있게

지우를 사랑하시는 하나님,

이렇게 기도할 수 있음에 감사드립니다.

늘 부족하지만 오직 주님의 뜻에 순종하길 기도합니다.

주님께서 주신 생명입니다.

주님의 자식입니다.

지켜주소서. 지우를 지켜주소서.

힘든 가운데서도 일어설 수 있는 힘과 담대함을 주소서.

한 번만이라도 지우와 눈 맞추고 이야기할 수 있게

주님, 시간을 주소서.

주님이 저보다 지우를 더 사랑하시지 않습니까?

지우 고통 받지 않게 하시고 평안하게 도와주소서.

중환자실에 혼자 있는 지우를 지켜주세요.

좋은 꿈 많이 꾸게 하시고, 행복하게 하소서.

11 기운 없어 기도가 되지 않을 때

하나님, 감사합니다. 모든 것을 감사드립니다.
무서울 때, 힘들 때, 두려울 때, 지칠 때, 원망스러울 때,
기운 없어 기도가 되지 않을 때, 답답할 때…….
하나님께서는 모든 순간을 함께해 주셨습니다.
대현이가 하나님께서 함께해 주심을
마음 깊이 믿게 하시니 감사합니다.
이 아들 온전히 살리시고, 완치시키시고,
깨끗케 하셔서 귀한 일 많이 할 수 있게 기회를 주옵소서.
아들이 오늘 항암에 들어갑니다. 일 년이 다 되어 갑니다.
씩씩하고 활달했던 아이가 많이 지치고 심약해져 있습니다.
우리 아이 강하게 하여 주옵소서.
대현이를 살리고 고치실 분은 하나님 한 분 뿐이십니다.
새 생명 주셔서 새 삶을 펼치게 하옵소서.

12 너무 하고 싶은 간절한 노래가 제게 있어요

하나님 감사합니다.
그런데 주님의 뜻은 참 어렵고 힘이 듭니다.
내 작은 머리로는 주님의 깊은 지혜를 알 수가 없습니다.
주님, 너무 하고 싶은 간절한 노래가 제게 있어요.
그런데 갑작스러운 다리의 아픔으로 인해
활동이 제한되어 버렸어요.
아직 인정할 수도 없고, 괴로워서 살 수가 없어요.
기도밖에 할 수 있는 것이 없어서 매일 주님께 기도합니다.
7개월 끝에 무릎 연골판 수술을 받기 위해 입원해 있어요.
바로 오늘 3시에 수술에 들어가요.
너무 오랜 시간 간절히 기다렸고, 굉장히 떨려요.
저는 항상 보면 아픈 곳도 많았고, 입원도 여러번 했었는데
이젠 육신의 질병에서 벗어나고 싶어요.
하나님 아시잖아요.
성악은 몸이 악기여서 건강해야 한다는 것을…….
너무너무 간절한데, 주님의 크신 권능으로 치료해 주세요.
저는 정말 형편 없지만, 받아주세요.

오늘 수술 잘되고 회복이 되어서
학교 수업도, 노래 레슨도 할 수 있게 해 주세요.
나의 모든 일정을 주님 손에 올려드립니다.
나의 불안하고 초초한 것들을 잠재워 주세요.
야베스의 기도를 기억합니다.
"복에 복을 더하사 나의 지경을 넓혀 주옵소서
주의 손으로 날 도우사 환난을 벗어나 근심이 없게 하소서"
하나님, 이 세상에 아픈 사람들을 다 치료해 주세요.
아픈 것은 정말 괴로운 것 같아요.

13 너무 오랜 병원 생활로 많이 지쳤습니다

승연이가 너무 오랜 병원 생활로 많이 지쳤습니다.
용기 잃지 않게 하시고, 소망을 갖게 해 주옵소서.
지금 손과 발이 갈라지고 벗겨져 고통스러워 합니다.
고통에서 벗어나게 하시고, 평안한 병원생활이 되게 하소서.
주님만을 의지합니다.

14 아픈 게 나아졌지만, 그래도

하나님, 아파도 주님께 더 가까이 가고 싶었는데,

다쳐서 더 가까이 가고 싶어도 가기 힘들고

아픈 것은 많이 좋아졌지만, 아직 여기저기 아프고

일, 운동, 공부도 열심히 하고 싶지만,

힘들어서 속상해요. 겁이 나고 불안해요.

자꾸 하나님 원망하고 싶어요.

다 잊고 싶고, 즐겁게 보내고 싶지만,

아직도 차를 보면 무섭고 화가 나요.

이러다가는 하나님도 잊고 생활도 멀리 날아갈 것 같아요.

엄마랑 아버지도 제가 아프듯이 아파요.

그런데 병원에서는 별것 아니래요. 전 삶을 다 잃었는데…….

하나님께 가는 것도, 기도도 힘들어요.

아픈 게 나아졌지만, 그래도 조금만 활동하면 아파요.

하나님, 답답하고 속상해요. 도와주세요.

15 하루하루 곡예를 하는 마음으로 살고 있습니다

하루하루 곡예를 하는 마음으로 살고 있습니다.
석 달째 산소를 빼지 못하고 **폐렴***을 앓고 있는 누리를
하나님, 치유함 받게 허락하여 주소서.
심장도, 신장도, 폐도 모두 좋지 않아
이식 못하게 선생님들이 말리시어 낙심하였으나,
실망치 아니하게, 믿음 놓지 아니하게 이끌어 주옵소서.
치료의 광선을 누리에게 내리시어
작은 믿음이 누리로 인해 응답 받게 인도하여 주소서.
이 소중한 믿음 이끌어 주옵소서.

16 아픈 그때, 그때가 가장 강한 때임을

하나님,
아픈 그때가 주님이 가까이할 때이므로
그때가 가장 강한 때임을 깨닫게 하여 주옵소서.

17 얼굴의 염증으로 너무나 고통 받고 있습니다

오늘은 손에 물집이 올라와 가슴이 덜컹 주저앉았습니다.
순간순간 작은 변화에도 우리 가족은 늘 긴장하고 놀랍니다.
하루하루 조금씩 편안해 보이시는 엄마의 모습을 보면서
주님이 옆에서 지켜주고, 보살펴 주고 계신 것을 느낍니다.
교수님의 손을 사용하여 주님의 역사를 보여주시고,
얼굴에 있는 염증도 속히 나아
먹을 수 있는 입을 주시고,
말할 수 있는 입(턱)을 주옵소서.
얼굴의 염증으로 너무나 고통 받고 있습니다.
주님의 능력으로 염증을 걷어내시고
새 살이 올라와 완치할 수 있도록 함께하여 주옵소서.

18 오늘은 혼자 밀대를 잡고

일주일 전 **뇌경색***으로 입원한 후 오늘까지
하나님께서 큰 사랑으로 함께해 주심 감사드립니다.
움직이지 못하던 왼쪽 다리를 오늘은 혼자 밀대를 잡고
10층에서 교회까지 와서 기도하게 하십니다.
어제부터 재활치료 시작했는데, 빠른 호전이 보입니다.
지금까지 내 삶을 간섭하시고 인도하신 하나님께서
앞으로의 모든 삶도 지켜주시길 기도합니다.

19 아직 한 번도 안아보지도 못한 우리 아기

하나님, 우리 아가 어서 건강해질 수 있게 해 주세요.
우리 아가 곁에서 힘이 되어주세요.
건강하게 퇴원할 수 있게 도와주세요.
아직 한 번도 안아보지도 못한 우리 아기,
어서 건강하게 자라서 저의 품에 올 수 있게 해 주세요.
슬기야, 엄마는 널 믿어. 사랑한다.

20   모든 약을 다 써서 이제는

하나님, 치료의 하나님.
주님께서 주신 예쁘고 착한 채은이,
우리나라에서 처음으로 임상약을 사용해 봅니다.
아직 약 이름은 모르지만,
이 약 역시 부작용이 **패혈증***이라고 합니다.
화요일부터 주사제로 투여한 후에 항암제를 쓴다고 합니다.
모든 약을 다 써서
이제는 주님께서 약이 돼주셔야 합니다.
힘든 약 투여기간 동안 잘 견뎌낼 수 있는
체력과 밝은 모습을 주옵소서.
민감한 아이입니다.
병 자체에는 반응이 없고 부작용에만 반응합니다.
임상약만을 기다립니다.
우리 아이가 저도 모르는 찬양을 부를 때 얼마나 예쁜지…….
주여! 이번 치료에 주님 만나 주옵소서.

21 더 작고, 여리게 태어난 아들

언제나 함께해 주시는 하나님,
다른 아이들보다 더 작고, 여리게 태어난 아들 재호.
힘든 수술을 잘 이겨내도록 지켜주신 은혜를 감사드립니다.
나쁜 망막 혈관의 중식을 멈추게 하시고,
망막의 유착이 잘 이루어지도록 선한 손길 펼쳐 주옵소서.
환난 중에 은혜 주시는 주여,
담대하고 강한 마음 주시고
오로지 주만 바라보고 의지할 수 있게 하옵소서.
우리 아들 재호를 우리 가정에 축복의 통로로
사용해 주시기를 간구합니다.
신생아 중환자실에 있는 모든 아이에게 함께하셔서
회복과 치유의 은사 내려주시고,
여리고 작은 아이들에게
주의 손을 펼치사 꼭 품에 안아주세요.
소망 잃지 않기를 기도합니다.

22 조금만 참으라는 말이 미안합니다

살얼음을 걷는 것 같은 하루가 또 시작됩니다.

어렵게 수술을 감행하였으나,

수술 부위에 접근하지 못하고

과다출혈로 그냥 덮고 나와야 했습니다.

이젠 수술도 하지도 못하고

그저 좋은 쪽으로 회복되길 기다려 보자고 합니다.

현진이가 지쳐있을까 걱정이 됩니다.

혹시 이제 그만하고 싶어진 건 아닐까 하고 겁이 납니다.

조금만 참으라는 말이 미안합니다.

주여, 현진이가 지치지 않게 함께해 주소서.

붙잡아 주소서.

이끌어 주소서.

어서 이 고통의 터널을 빠져나갈 수 있도록 도와주소서.

23 오랜 세월 눈물 흘리며

17세 **뇌성마비*** 딸을 가진 엄마입니다.
선천성으로 인해 오랜 세월 눈물 흘리며,
하나님께 원망도 했고 결국은 주님 앞에 무릎 꿇었지요.
오늘 2-3시경 다리 수술을 받아요. 다리 모양이 변형되어
근육 통증 때문에 힘들어 하기에 수술을 결정했습니다.
분명 하나님이 함께하실 줄 믿어요.
5시간 이상이나 걸리는 대수술이래요. 기도 부탁드립니다.
물질적인 부분과, 아이의 다리뼈 깎는 것 때문에
많은 통증이 동반될 수 있다니 그것도 함께요.
모든 수술과정, 치료, 재발되지 않도록 기도 부탁드립니다.

24 살 의지를 버리지 않도록

어머니께서 살 의지를 버리지 않도록 힘을 주세요.
중환자실에 다시 오게 되어 의지가 없어졌습니다.
어머니께서 힘을 내어 다시 싸울 수 있도록 기도해 주세요.

25   이 상황 받아들이려고 노력 중입니다

하나님 간절히 기도합니다. 우리 영진이를 도와주세요.

제발 이 땅에서 하나님의 뜻에 따라

사랑을 베풀며 살 수 있는 기회와 건강을 허락해 주옵소서.

영진이가 많이 아픕니다. 아이가 악성종양이라고 합니다.

받아들이기 힘들지만,

이 상황 받아들이려고 노력 중입니다.

제발 살려주세요.

완쾌시켜 주세요.

치료가 가능하도록 허락해 주세요.

너무 많이 힘들어하지 않도록 잘 견딜 수 있도록

나쁜 병에서 하루빨리 나을 수 있도록…….

하나님 믿습니다. 기도합니다.

너무나 어린 아이입니다. 지켜주세요.

26   마지막 희망이 있다면

주님, 전 언제까지 항암주사를 맞아야 하나요?
오늘도 항암주사 맞으려고 왔습니다.
맞기 전, 교회에서 주님과 만나는 시간이 저를 안정시켜주고
다시금 힘을 얻고 주사실로 향할 수 있게 합니다.
마지막 희망이 있다면
나보다 더 가난하고,
나보다 더 아프고,
나보다 더 외로운 사람들과 같이 생활하고 싶어서
요양원 문을 열었습니다.
정말 서로가 따뜻한 마음으로 사랑의 빵을 나누고 싶습니다.
주님, 힘을 주세요.
이 글을 읽는 모든 사람들께 기도 부탁드립니다.

27 아직 뇌를 닫지 못한 상태입니다

천국에 있는 교회처럼 거룩하고 아름다운 곳에서
기도하게 됨을 감사드립니다.
기도하고 기도하는 것은 저희 형부(49세, 중환자실)가
뇌수술과 다리수술을 받고 중환자실에서 치료 중입니다.
사고로 왼쪽 뇌를 크게 다치셔서 뇌수술을 하였는데,
아직 뇌를 닫지 못한 상태입니다.
뇌압이 높아지면 생명이 위험하고 **뇌부종***이 생기면
더욱 위험하여 뇌를 열어 놓았습니다.
왼쪽 종아리 쪽도 양 옆을 절개하여 굳어있는 피를 제거하고
근육들과 모든 조직들이 양옆으로 오픈돼 있는 상태입니다.
감염이 될 확률이 90%라고 하지만,
열지 않으면 다리를 절단해야 한다고 해서 수술을 했습니다.
공사현장 4층 높이에 허리에 끈을 묶어서 작업을 하고
내려가던 중 추락하여 사고가 났습니다.
영세한 업자 밑에서 일하던 중 사고를 당하여
산재보험을 받기가 어려운 지경입니다.
이 일 가운데 산재보험이 가능해져서

경제적인 면에 얽매이지 않고 자유롭게 치료 받길 원합니다.
형부네 가정에는 청각장애인 어머니와 중3, 중2 딸이 있고,
전셋집에 살고 있는데, 병원비를 마련하기 위해
전셋집을 내놓아야 할 형편에 있습니다.
주님께서 언니네 가정에 크나큰 시련 가운데
무엇을 만드실지 저희는 모릅니다.
하지만 꿈을 꿉니다. 주님의 손길의 은혜를 기대합니다.
산재보험의 혜택 받을 수 있도록 꿈을 꿉니다.
가장의 부재와 언니의 직장 휴업으로 인하여
생활비와 병원비로 충당되어져야 할 많은 비용이
원만히 해결되기를 원합니다.
아빠를 기다리고 있는 두 딸에게 주님 은혜를 구합니다.
언니네 가정이 환난에서 빛 가운데로 인도되어지기를
기도하며, 기도하고, 기대합니다.
병원교회에서 기도제목을 쓰라고는 생각지도 못했습니다.
제가 받은 사랑과 축복을
감사함으로 다른 사람에게 흘려보내길 기도하겠습니다.
기도 부탁드립니다.

28 지금 이 순간 모든 원망과 아픔 내려놓고

지선이 응급실에 두고 갑니다.
심폐소생술*로 살려주신 것 감사합니다.
대전에서 이곳까지 오는 동안
죽지 않게 해 주셔서 감사합니다.
이대로 보내지 않으신 것, 주님의 뜻이 있으리라 믿습니다.
지금 의식이 깨어나도 뇌가 많이 상했을 거라고 합니다.
지선이 형편 잘 아시잖아요.
뇌 손상 없이 깨어나서 함께 즐거워하며,
늙어갈 수 있으면 좋겠어요.
지금 이 순간 모든 원망과 아픔 내려놓고
주님께 기도하게 해 주세요.
긍휼히 여겨 주옵소서.

29 손상되지 않은 뇌세포가 살아나서

하나님의 은혜로 아들을 낳았습니다.
그런데 태어나면서 산소 공급을 받지 못해서
뇌가 손상되었다고 합니다.
앞으로 자라가면서 치료를 계속 받아야 한다고 합니다.
지금은 신생아 중환자실에서 박미나 아기로 있습니다.
진정으로 구합니다.
함께 기도해 주시기를 간절히 구합니다.
손상되지 않은 뇌세포가 살아나서
제 기능을 다 해 주기를 간절히 구합니다.
소뇌의 손상이 심하다고 하는데 자꾸만 눈물이 납니다.
이 글을 읽으시는 분들께서 함께 기도해 주시면
뇌세포가 한 개, 두 개 필요한 만큼 살아날 것으로 믿습니다.
기도해 주시는 분들을 주님의 이름으로 축복합니다. 아멘.

30   모든 과정 가운데 세밀히 간섭하여

딸(지수)의 간 이식 후 9개월 만에

간기능 검사수치가 매우 높아 오늘 내시경으로

췌장, 십이지장, 담도관 등 주변 검사 후 바로 시술합니다.

주님의 도우심을 구하오며 긍휼과 은혜를 베풀어 주옵소서.

모든 과정 가운데 세밀히 간섭하여 주시옵소서.

넉넉히 감당할 체력과 믿음 주시기를…….

31   복막 투석을 처음 시작한 환자입니다

2009년 2월 7일, **복막 투석***을 처음 시작한 환자입니다.

다른 장기가 더 망가지기 전에 빨리 이식을 받고 싶습니다.

하나님의 도움이 절실히 간절히 원하오니

주님의 자녀를 버리지 마시고,

딸 아이의 자신감도 회복시켜 주시길 간절히 기도드립니다.

32 　감당할 수 있을 정도의 힘을

고강도 항암에 들어갑니다.

우리 은혜가 감당할 수 있을 정도의 힘을 주세요.

더 좋은 결과, 더 좋은 치료. 완치될 수 있게 도와주세요.

33 　아이와의 이별이 가까워지는 것 같습니다

주님, 아이와의 이별이 가까워지는 것 같습니다.

주님, 우리 아이 기적처럼 소생할 수 있게 하여 주소서.

온몸에 주사바늘 자국이 아이를 뒤덮고

밤새 5일을 고통 속에 있다가 의식을 놓았습니다.

주님, 그 아이의 마음속에 주님께서 함께하소서.

죽음을 두려워하지 않게 하시고,

아이가 어디를 가든 주님께서 동행하소서.

할 수만 있다면 저 또한 아이와 함께 가게 하소서.

아이가 행여 외롭지 않게 함께 가게 하소서.

저 또한 죽음을 두려워하지 않는 믿음을 허락하소서.

34 아이의 몫을 마음에 품고 살아가기로 다짐합니다

하나님

저희 부부, 사랑하기에 부부의 연을 맺었습니다.

이 사람만 사랑하겠다고

하나님과 여러 증인 앞에 선언하고

서로 사랑하고 존중하며 살았습니다.

저희에게 참으로 귀한 생명을 허락하시고,

우리는 또 다른 이름(엄마, 아빠)으로 불려집니다.

아기의 탄생은 하늘이 계획하고 복된 일이기에

온 가족들이 기뻐하고 우리도 기쁨으로 살아갑니다.

그러나 우리 아기, 아픔 속에 있습니다.

저희는 어찌할 수 없어 간절하게 기도할 뿐입니다.

의사 선생님과 간호사 선생님께서

부모인 저희가 해야 할 모든 일을 해 주시고,

치유의 손길로 사용됨을 감사합니다.

하나님의 사랑하는 아이의 영혼을 받아주옵소서.

생명으로 주신 것, 다시 생명으로 거두시는

하나님의 뜻을 저희는 알 수 없습니다.

하나님의 마음이 저희의 마음을 위로하여 주옵소서.

하늘나라에서 마음껏 기뻐하며 살 수 있기를 소망합니다.

하나님, 예수님께서 자신의 영혼을 아버지께 맡기신 것처럼

저희도 사랑하는 아이를 하나님께 맡기오니

그의 생명을 지켜주시고, 참된 안식을 허락하옵소서.

하나님께서 꼭 안아주시고, 따뜻하게 품어 주옵소서.

안전하게 품어 주옵소서.

악한 것들이 넘보지 못하도록 지켜주옵소서.

우리는 다시 만날 날을 소망하면서

아이의 몫을 마음에 품고 살아가기로 다짐합니다.

더 사랑하며, 이웃의 아이들을

저희 아이처럼 여김으로써 관심과 사랑을 베풀겠습니다.

아이를 기억하여 주시고,

영원한 생명으로 인도하여 주소서.

나는 길이요 진리요 생명이니

나를 믿는 자는 영원히 살겠다 하셨으니,

하나님을 믿는 저희에게 영원을 허락하옵소서.

우리 아이를 사랑하여 주옵소서.

02

함께 아픔이
우리의 기도입니다

35 세상에서 건강한 남편 둔 사람이 제일 부럽더군요

주님, 감사드립니다.

서울대병원에서 4번이나 수술 받았습니다.

원치 않게 또 오게 되었지만,

그러나 하나님께서 또 함께해 주심을 느낍니다.

세상에서 건강한 남편 둔 사람이 제일 부럽더군요. 그래도

'부족한 몸, 이것도 하나님께서 주신 선물이지요.' 하며

감사드립니다.

하나님께서 창조하셨으니

몸의 구석구석을 잘 아시기에 고쳐주실 분도 주님이십니다.

그러니 주님께 맡길 수밖에 없습니다.

이 마지막 주신 선물, 감사히 받고 고이 간직하며,

소중히 여기면서 주신 시간을 잘 보내겠습니다.

세상에 살면서 더 값지고, 더 풍성한 마음으로

살아갈 수 있는 용기 주시기 바랍니다.

하나님께서 주신 육신의 선물, 잘 간직하며 살겠습니다.

36 아이가 가장 힘든 상황인데

고맙습니다. 여름내 울던 매미는 어디론가 가버리고
귀뚜라미가 밤새 울고 있네요.
우리 아이는 잘 견뎌내고 있어요. 참 잘해주고 있어요.
시간은 자꾸만 흘러갑니다.
기도해 주시는 모든 분들 살펴주시고 건강과 평안을 주세요.
항상 기억해 주시고, 보살펴 주시고, 사랑해 주세요.
오늘도 편안한 하루였음을 기도합니다.
시간이 흐르면 우리 아이도 지금보다도 힘들지 않게
기도 부탁드립니다.
아이가 가장 힘든 상황인데, 제가 너무 심한 말로
아이를 닦달하는 모습을 보입니다.
주 안에서 사랑으로 품을 수 있도록 도와주세요.
제일 힘든 건 아이인데, 부모가 흔들리는 모습을 보입니다.
그렇지 않도록 도와주시고 지금까지 잘 지켜주신 것처럼
앞으로도 기억해 주시고,
사랑해 주시고,
보살펴 주세요.

37 하루하루 지쳐가는 어린 아이들을

병동 어린이들을 위하여 기도합니다.
백혈병과 소아암으로 쓰러져 힘든 약물치료 부작용과
또한 암세포와의 싸움으로 하루하루 지쳐가는
어린 아이들을 긍휼히 여기소서.
하나님, 그들을 지으시고 땅에 번성하고
축복 누리라고 하셨음을 믿사오니,
죄사함과 병 나음과 은혜와 축복을
아픈 아이들 모두에게 내려주소서.
질병에 아이들이 쓰러지고
그 가정이 비탄에 빠져 좌절하지 않도록,
우리를 사랑하시는 하나님 치유하여 주소서.

38 혈소판이 증가하기를 기대해서

재생 불능성 빈혈*로
혈소판이 10,000까지 내려가는 어려움을 겪고 있습니다.
두 달 전, 주사요법으로 치료를 받았는데,
그 효과는 6개월 정도 지나야 나타날 수 있다고 합니다.
효과가 50% 정도밖에 없는데, 그 50% 안에 들어
혈소판이 증가하기를 기대하며 주사요법을 받았습니다.
꼭 좋은 결과 주실 것을 믿고 간구하고 있습니다.
더 나빠지는 일이 없기를 간구합니다.
기도해 주세요.

39 온 가족이 함께 싸우고 있습니다

우리 이모, 폐암 전이로 첫 방사선 치료했습니다.
온 가족이 함께 싸우고 있습니다.
무너지지 않고 다함께 이겨낼 수 있도록 꼭 도와주세요.
희망과 기쁨 주세요.

40   조혈모세포 이식이 끝난 바로 직후

정환이 어머니와 함께 기도하게 되었습니다.

조혈모세포 이식*이 끝난 바로 직후

몸에 물이 차고 심장이 멎어 중환자실에 있습니다.

소변이 나오지 않아, 몸이 많이 부어 있는 상태입니다.

믿음으로 어머니께서 기도하셨는데…….

주님, 정말로 도와주시기를 바랍니다.

다행히 오늘은 의식이 회복되어 엄마를 알아보았습니다.

지금은 힘들고 어렵지만, 이 힘든 시간은 잠시.

양쪽 신장에 있는 종양이 완전히 제거되게 하소서.

하나님께서 하실 일을 기대하며…….

41 어떻게 이런 일이 생길 수 있을까요?

하나님, 무조건 당신만 부릅니다.

저희 언니 이옥련, 온몸에 암이 쌓여 있습니다.

폐, 간, 담도, 췌장, 임파선……

그 여린 몸에 어느 한 구석 성한 곳이 없습니다.

저는 하나님을 모릅니다. 그러나 저는 들었습니다.

하나님은 안되는 일도 되게 하시는 분이라 들었습니다.

사람으로는 꺼져가는 언니의 생명을

도저히 구할 수 없음을, 부족한 저이지만 압니다.

어떻게 이런 일이 생길 수 있을까요? 믿어지지 않습니다.

하나님, 저의 죄가 많은가 봅니다.

제발 용서하시고, 저희 언니 살려주세요.

모르고 지은 잘못이 있다면 용서해 주세요.

저희 언니도 용서해 주시고...

43세입니다.

어린 두 딸이 있습니다.

이런 딸을 바라보고만 있는 74세 노모도 계십니다.

우리집은 불교 신자들입니다.

하나님께서 살리셔서
하나님을 모르는 많은 사람들에게
하나님을 알게 하는 기회로 삼아주세요.
간증으로 하나님이 살아계심을 알게 하는
주님의 자녀로 살아갈 수 있게 해 주세요.
믿습니다. 하나님의 자녀로 택하심을 믿고
우리 언니 또한 살려 주시리라 믿습니다.

42 태어나면서부터 받은 수술, 이젠 끝인 줄 압니다

주님, 수술 날짜가 잡혔습니다.
2일 후, 목요일 오전 7시 40분 수술에 들어갑니다.
주님! 지금까지도 지켜주신 주님.
민지를 불쌍히 여기시고,
의사 선생님이 되셔서 민지를 도와주세요.
4번째 심장수술로 이젠 더 이상 수술받지 않게 도와주세요.
태어나면서부터 받은 수술, 이젠 끝인 줄 압니다.
기도해 주세요.

43 생후 5일만에 수술하고

우리 아들이 생후 5일만에 수술하고 중환자실에 있었습니다.
하나님의 은혜로 지금 23살인데, 일반 사람보다 건강합니다.
그런데 수술로 입원 중입니다. 수술 잘되어 감사드립니다.
어린이병원 입원해 있는 모든 어린이를 위하여 기도합니다.

44 아직 알 수 없는 병이 또 남아 있습니다

2번의 조직검사 후 **피부근염***이라는 정확한 병명은 나왔으나,
아직 알 수 없는 병이 또 남아 있습니다.
음식을 삼킬 때나 물을 마실 때 목이 너무나 고통스러워
진통제를 하루 4알 먹은 날도 있는데, 효과가 없습니다.
요 며칠 동안은 어떤 음식조차 먹지 못하고 있습니다.
어떤 길을 여시고자 이 고통을 주시는지 알 수 없으나,
너무 고통스럽습니다.
주님을 붙잡고 매달릴 수 있도록 뜨거운 기도 부탁드립니다.

45   모두 안 된다고 하지만

주님, 엄마가 밥을 못 먹고,
장폐색증* 으로 인해 복강암으로 고통 받고 있습니다.
주님, 장을 하루속히 풀리게 하소서.
모두 안 된다고 하지만, 간절히 바랍니다.
포기하지 않고 끝까지 최선을 다해 엄마를 응원하겠습니다.

46   뼈를 제거하는 대수술이라

암(**골육종***)으로 수술한 36세,
치과병원의 입원 환자입니다.
암 재발이 100%. 전이 또한 빠르다고 합니다.
수술 때마다 뼈를 제거하는 대수술이라 무척 힘들어 합니다.
그가 주님을 영접하고, 주님의 기적이 일어나길 기도합니다.
그의 아내 또한 주님의 살아계심을 볼 수 있기를 원합니다.
결혼 전에는 주님을 믿었으나, 현재 믿지 않는 상태입니다.
부부를 위하여 기도해 주세요.

47 어린이 병동에 있는 친구들을 위해 기도하겠어요

목사님! 안녕하세요? 저 혜영이에요.

목사님 건강하시죠?

저도 학교생활 잘하고, 건강하게 지내고 있어요.

퇴원하고 나서는 집에서 가까운 교회를 다니고 있어요.

옛날에는 어른 예배를 봤었는데,

지금은 어린이 예배를 보고 있어서 참 좋아요.

여호와 라파의 하나님이 저를 치료해 주시리라 믿고 있어요.

퇴원해서 잠깐 믿음이 흔들린 적도 있었지만,

지금은 저희 가족 중에서 가장 믿음이 강하게 되었어요.

목사님, 저희 가족을 비롯한 아픈 이들 위해 기도해 주세요.

저도 어린이 병동에 있는 친구들을 위해 기도하겠어요.

지금 아빠는 매일 새벽기도를 다니시고,

엄마께서는 금식기도를 하고 계셔요.

저희 오빠가 저를 위해 얼마나 많이 기도하는지 아시지요?

오빠가 있으면 참 든든해요.

아무튼 기도 많이 해 주시고, 건강하게 지내세요.

그럼 안녕히 계세요…….

- 혜영 올림

48   인간의 생각으로는 막막하지만

심장판막*에 암이 자라나서 오늘 3차 심장 수술을 받습니다.
수술 무사히 마치고, 합병증 없이 완쾌되게 기도해 주세요.
향후 심장이식 수술이 필요합니다.
인간의 생각으로는 막막하지만,
하나님께서 예비해 놓으셨고 끝까지 함께하실 줄 믿습니다.

49   숨이 계속 차고 잠을 자지 못하고 있습니다

7층 병동에 있는 김소연 환자를 위해 기도 부탁드립니다.
조형시술 2회, 수술 2회를 한 상태이지만,
숨이 계속 차고 잠을 자지 못하고 있습니다.
심장 및 폐 기능이 정상보다 좋지 않다고 합니다.
생각보다 입원비가 많이 초과되어 있습니다.
치료비 문제에도 관여하여 주시어 퇴원할 수 있도록
기도 부탁드립니다.

50   의식이 없어 다시 머리를 수술했어요

우리 민서를 위해 기도해 주세요.
민서는 **모야모야병***으로 1차 수술을 10월 2일에 했어요.
진행속도가 빠르고 경색이 많이 되어 2차 수술을 했는데,
귀에 출혈이 있고 의식이 없어 다시 머리를 수술했어요.
현재 중환자실에서 회복 중입니다.
호흡기는 떼어 냈지만, 목이 많이 부어 힘들어하고
의식은 많이 돌아왔지만, 말을 잘 못해요.
선생님은 언어장애와 경기 등 2차적 장애가 온다고 합니다.
하지만 하나님께서 고쳐주실 것이라고 생각합니다.

51   사고로 정신이 몽롱해서

사고로 정신이 몽롱해서 기억하지 못하는 부분이 있습니다.
기억력이 회복되어서 사고 경위를 말하고
보험문제가 해결되게 도와주세요.
퇴원하라는데 돈이 없어 퇴원을 못합니다.
하나님, 5300만 원 좀 도와주세요.

52 좋은 병원에서 수술 받게 하심도

여수에서 올라와 오늘 입원하였습니다.
2일 후, 갑상선 암 수술을 받습니다.
"강하고 담대하라 내가 너와 함께 함이라"
늘 이 말씀을 붙잡고 기도합니다.
초기에 발견되어
좋은 병원에서 수술 받게 하심 감사합니다.
주님! 옆 침대 두 분의 유방암 환자가 내일 수술 받습니다.
수술이 잘되어 건강하게 집으로 돌아가게 하소서.
울며 기도하는 이들의 기도를 들으시고 응답하여 주소서.
그들에게 좋은 일이 있게 하소서.
우리 교회 목사님께서 저를 위하여 늘 기도로 간구하시오니
축복하시고 우리 교회 모든 성도를 지켜주소서.

53 중환자실에 있는 환우의 부인입니다

저는 중환자실에 있는 환우의 부인입니다.
처음엔 고열로 검사가 시작되었고,
그후 여러 병원을 거쳐 이곳까지 왔습니다.
암이라는 진단이지만, 무슨 암인지 밝히기 위해
여러 가지 검사와 간 조직 시술을 받았습니다.
복부에 **림프종*** 조직 등 시술들을 했지만,
암 세포가 나오지 않았습니다.
일산병원에서는 조직구성 궤사성 염증이란 진단과 함께
스테로이드 약물을 복용, 그것도 듣지 않아 입원하게 되었고
뇌막염과 폐렴까지 겪게 되었습니다.
항생제 약을 써 거의 좋아져서 퇴원이 결정되었지만,
다시 열이 나 이곳 병원에 왔습니다.
위와 장에 도움 되는 약으로 진정시키다가 응급 입원했는데,
15일 오후부터 16일 새벽까지 피를 토하여
CT와 내시경검사 결과 위궤양으로 수술했지만,
지금은 폐가 안 좋은 상태입니다.
조직 시술에서 악성 종양인 것 같습니다.
기도해 주세요. 지금은 폐가 급합니다.

54 엄마의 빈자리 그대로 비워 두지 말게 하시고

중환자실에 계신 우리엄마,
목사님께서 성경을 읽고 기도하시면
엄마가 편안해 하는 것을 느낄 수 있습니다.
요즘 너무 가슴이 아픕니다. 매일 밤 울다 잠듭니다.
엄마의 빈자리 그대로 비워 두지 말게 하시고,
하루속히 집으로 보내주소서.
대정맥에서 균이 발견되어 다시 관을 뚫는 수술을 하고,
기도삽관도 하라고 합니다.
방법이 있다면 어떻게든 막고 싶습니다.
중환자실에서 병실로 옮기시어
24시간 함께 있고 싶습니다.

55 눈부신 태양을 오늘도 저에게 선물하신

아름다운 가을, 눈부신 태양을
오늘도 저에게 선물하신 하나님, 감사합니다.
자기 잘난 줄 알고만 지냈던 교만을 용서하시고,
몸이 아프고 마음이 아픈 자들을
위로하는 삶 살기를 기도합니다.

56 누구나 병들 수 있습니다

환우 가족입니다.
이곳에 아픈 자들의 힘이 되어 주세요.
능력 주시어 평안함을 주세요.
누구나 병들 수 있습니다.
이겨내세요. 과정입니다.
우리 모두가 서로 격려합니다.
용기를 내세요. 힘을 내세요.
낙심치 마세요. 기도하며 기다립니다.

57 일주일간 의식이 없으셔서 애태우며

뇌종양* 으로 친정어머니께서 두 차례 수술을 받았습니다.
출혈이 너무나 심했다고 합니다.
수혈도 9개나 받으시고
일주일간 의식이 없으셔서 애태우며 기도드렸는데,
드디어 오늘 아침, 의식을 찾으셨어요.
감사하고 기쁩니다.
어여 기력을 회복하셔서 의식과 정신이 더 또렷해지고,
호흡도 혼자 하고 입으로 유동식을 드시고, 말씀도 하시고
소원하신대로 두 발로 걸어 교회 계단을 오르고,
전도하시며 즐거운 여생을 보낼 수 있도록
하나님께서 치유하시고 회복하시기를 간구합니다.
질병으로 인해 고통받는 모든 성도들의 부르짖음이
하나님께 상달되길 바랍니다.

58 엄마, 왜 내가 하는 것은 잘 안되나요?

12살 영은이가 오늘 고관절 수술을 합니다.
오후 3시경에 회복실로 나올 텐데 고통이 크다고 합니다.
우리 예쁜 딸이 잘 견디어 내게 해 주세요.
자꾸 아프고 본인이 하고 싶어하는 것들이 잘 안되어
"엄마, 왜 내가 하는 것은 잘 안되나요?" 묻던 아이입니다.
기도하고 말씀 보자고 해도 싫다고 합니다.
주님, 우리 영은이에게
잘되고 잘되는 역사가 일어나게 하여 주옵소서.
매사에 긍정적인 아이였는데,
다리가 아픈 후로 우울해 해요.
주님, 우리 아이가 '기쁨'이가 되게 해 주세요.
병원에 있는 동안 주님 의지하는 딸 되게 하여 주세요.

59 좋은 결과 듣고 갑니다

하나님, 병원 다녀갑니다.
못살고 철없는 저를 용서해 주세요.
그래도 사랑해 주셔서 감사합니다.
좋은 결과 듣고 갑니다.
이번 일로 제 삶이 달라지게 해 주세요.
거듭나게 해 주세요.

60 건강하게 낳아주지 못해 너무 미안합니다

아직 2개월밖에 안 된 우리 아들 정식이가
원인 모를 경기에 또다시 입원했습니다.
교회생활을 제대로 안한 하나님의 벌하심인지…….
건강하게 낳아주지 못해 너무 미안합니다.
이제 기도도 열심히 드리고 예배도 자주 드리려구요.
우리 정식이가 겪는 모든 것 아픔 없이,
씩씩하고 튼튼하게 자라게 해 주세요. 아멘.

61   똑같은 아픔을 "또" 할까봐

주님, 저……. 마음 안에서 속이 상했습니다.

저희 아이만 생각한 것은 아니었는데…….

서로들 마음이 조급해지다 보니 그랬을 것이라 생각됩니다.

그냥 그러려니, 내가 좀 잘못했으니까 하면서

마음을 잡고 싶습니다.

며칠 전에도 어떤 아이의 엄마가 저에게 함부로 했습니다.

저의 방법이 잘못된 것 알았지만,

조금은 마음이 상하고 바보 같았습니다.

그런데 어제 새벽에도 비슷한 일을 당했습니다.

기분이 상했습니다.

다들 아이만 괜찮으면 되는데……. 다 웃을 수 있는데…….

우리 아이 왼쪽 폐에 물이 자꾸만 차고 있습니다.

아이가 불안해 하면서 오른쪽 관 꽂은 것 잡으며

얼굴이 어두워지고 있습니다.

똑같은 아픔을 "또" 할까봐 염려와 불안을 느끼고 있습니다.

그렇지 않게 해 주세요.

관 꽂는 힘든 과정 잘 견뎠지만, 두 번은 힘들 것 같아요.

살펴주셔서 아이가 불안하지 않고

편안하게 치료 받을 수 있게 도와주세요.

저의 마음 안에서도 여유를 주시고,

아이에게 집중할 수 있도록 도와주세요.

시간의 흐름만큼 저 또한 빨리 집에 가고 싶습니다.

아이 치료 도와주시어 집으로 돌아갈 수 있도록 도와주세요.

주님, 고맙습니다.

사랑으로 우리 아이 안아주시고 살펴주시고 기억해 주세요.

62 엄마의 마음을 읽고, 느끼게 하여 주소서

엄마를 면회하면서 주님이 곁에 계심을 느낄 수 있습니다.

의식이 조금 돌아오신 것 같은데,

자신이 겪는 고통과 그 상황들을 감당하기 힘들어

아무런 표현도, 의식도 없는 듯 하시네요.

무슨 말로 어떻게 해야 우울한 마음을 풀어 드릴지

그 마음 헤아리지 못해 죄송스럽고 안타깝습니다.

지혜를 주소서.

엄마의 마음을 읽고, 느끼게 하여 주소서.

63 깨끗이 완치 판정을 받았는데

사랑과 은혜가 충만하신 하나님,
7년 전 딸이 **골육종*** 진단을 받고
하나님 은혜로 깨끗이 완치 판정을 받았는데,
뼈 위쪽으로 이상이 있다고 합니다.
최종적으로는 조직검사를 해서 확인해야 한다고 합니다.
오늘 수술과 일주일 후 조직검사 결과에 함께 해 주세요.
하나님 약속해 주세요.
불쌍한 이 딸을 지켜주세요.

64   저도 앞으로 누군가의 자리에서 기도하며

5일 전, 아이가 6시간의 심장 수술을 잘 견디고
지금 중환자실에 있는데, 회복이 순조롭게 되고 있습니다.
메모 남겨주신 분께 감사의 글과 함께
궁금하실 것 같아 상황을 알려 드립니다.
어려운 수술, 기도의 힘을 깊이 느끼는 계기가 되었습니다.
하나님의 긍휼하심을 받은 아이로 인해 우리 모두 다
하나님의 은혜를 체험하고, 영광을 올려드렸습니다.
감사드립니다.
"누군가 널 위해 기도하네"
이 복음성가가 얼마나 은혜로 다가왔는지…….
저도 앞으로 누군가의 자리에서 기도하며 살아가리라
주님 앞에 약속 드리는 하루였습니다.
병원에 교회가 있다는 것이 참 감사합니다.
지금 밖에는 비가 내립니다.
너무 행복합니다.
감사합니다.

03

맡겨드림이
우리의 기도입니다

65 왜 이런 슬픔이 내게 왔는지

이제 16개월 된 아이를 들쳐 업고
시골에서 막막한 생각으로 올라왔습니다.
생전 처음 듣는 **윌름스 종양***이라는 생소한 병명에
그저 소화불량 계통이나 작은 물혹 쯤으로 생각했습니다.
이제 일주일이 다 되어가지만 아직도 꿈만 같고
왜 이런 슬픔이 내게 왔는지,
내가 주님의 일을 소홀히 해서 주시는 아픔인지,
거짓말과 위선으로 가득 찬 나에게
주님의 징계인지 많은 생각을 갖게 합니다.
우리 아이들, 가족 모두가 든든히 서 가는 바윗돌처럼
주님 앞에서 시련에 흔들리지 않도록 기도해 주세요.
비록 내게 없을지라도
기뻐하게, 감사하게 해 주세요.

- 순천에서 올라온 은지 아빠

66 그래도 회복이 되지 않으면

어린이병원 4층에 있는 예진이.
목뼈 1번과 2번이 어긋나서 물리치료 3주가 나왔습니다.
그래도 회복이 되지 않으면 위험한 수술을 감행한다고 하니
주님의 치료만 가능할 뿐입니다.
특별한 기도를 부탁드리며,
이 기도로 아이의 신앙성장과 믿음에
큰 축복이 더하여지기를 진심으로 바랍니다.

67 아니, 지금과 같은 결과라도

아직도 젊은 나이입니다.
그런데 **루게릭병***이라는 진단을 1차 받았습니다.
확인검사 차 정밀검사를 받으러 왔습니다.
아직 나오지 않은 결과가 자꾸 두려워요.
부디 좋은 결과가 나오게 하셨으면 좋겠습니다.
아니, 지금과 같은 결과라도
지금보다 나빠지지 않게 해 주세요.

68 딸의 가정에 아기를 허락하여 주시고

주님, 딸의 가정에 아기를 허락하여 주시고,
모든 과정에 함께하셔서 순탄하게 하소서.
건강을 지켜주시고 온전한 기쁨으로 양육하게 하소서.

69 약 부작용까지 생길 것 같아 걱정이 됩니다

7, 8년째 이 곳에 가끔씩 와서 기도드립니다.
신장병의 검사 소견은 좋은데 자꾸 재발이 되어
약 부작용까지 생길 것 같아 걱정이 됩니다.
이번이 7번째 재발인 것 같아요.
지구상에, 이 큰 병원에 중증 환자들도 많은데,
한참 망설이다가 감히 기도 글을 올립니다.
주님, 도와주세요.
다시는 재발하지 않게, 약 부작용이 없게……
그렇지 않으면 이길 수 있는 마음을 주세요.
가끔 너무 예민해져서 아들에게 횡패를 부리고 있어요.
여러 가지로 죄송합니다.

70 큰 아이가 의식이 없는 가운데

사랑과 은혜가 충만하신 하나님,
큰 아이가 의식이 없는 가운데 병원 생활을 합니다.
어려운 시련과 고통 속에서도 기쁨을 주시려고
둘째 아이를 갖게 하심을 감사드립니다.
믿음 안에서 건강하게 출산할 수 있도록 도와주세요.
우리 큰 아이, 질병과 경련 속에서 속히 치료하여 주셔서
믿음의 아이로 자라게 인도해 주세요. 속히 치료해 주세요.

71 기도제목은 많은데 말이 나오지 않습니다

주님 은혜에 항상 감사합니다.
주님, 저는 기도를 할 줄 모릅니다.
기도를 하려면 말이 나오지 않습니다.
기도할 수 있도록 도와주세요.
너무도 해야 할 기도제목은 많은데, 말이 나오지 않습니다.
주님 의지하고 기도하도록 도와주세요.

72   정말 지금까지 제 삶을 돌아보며

기도 부탁드립니다.
부산에서 뇌종양의 일종인 **배아종*** 으로 진단 받고 왔는데,
생각보다 심각해서 조직검사를 받아야 한다고 합니다.
검사 결과가 좋아서 수술 안 받고
하나님의 은혜로 치료되게 해 주세요.
정말 지금까지 제 삶을 돌아보며 하나님께 용서를 빕니다.
앞으로 정말 하나님을 위하여 살기를 원하니
검사결과가 좋게 나오기를 간절히 기도드립니다.

73   너무나 예쁜 아이, 교통사고가 났습니다

유아린 어린이의 회복과 앞으로의 수술 위에 함께하소서.
너무나 예쁜 아이, 교통사고가 났습니다.
하나님께서 지켜주시고 잘 견딜 수 있게 하옵소서.
당신의 아이이오니 지켜주소서. 제발 제발 지켜주시옵소서.
기적 같은 은혜로 함께하소서.

74 물이 많이 차서 고통 중에 있었으나

2001년부터 **흉선암**＊으로 투병하고 있습니다.
주님 큰 은혜로 잘 견디며 이겨왔습니다.
왼쪽 흉막에 물이 4L 이상 고여 치료 받으려고 왔습니다.
물이 차서 고통 중에 있었으나, 뽑고 나니 좋아졌습니다.
다음주 흉막 유착술로 치료한다고 합니다.
뽑은 물과 함께 암세포가 빠져나가고
유착술로 암세포를 물리칠 수 있게 하옵소서.
치료될 줄 믿습니다.

75 홀로 있으면서 힘들지만

직장 내에서 좋은 관계와 하나님의 사랑 속에
일하게 하심에 감사합니다.
서울에 홀로 있으면서 힘들지만,
주님께서 함께해 주셔서 외로움을 견딜 수 있습니다.
신실히 응답하시고, 감사와 평안 주심을 감사드리며.

76   소중한 사람이 매우 아픈 가운데서도

안녕하세요. 저는 이병수입니다.

현재 군인이고,

색소융모결절성 활막염*으로 수술을 기다리고 있습니다.

자신, 가족, 소중한 사람이 매우 아픈 가운데서도

기도의 끈을 놓치지 않는

하나님의 자녀를 알게 되어 참 기쁩니다.

절망 중에도 기도의 끈을 놓지 않는 환우들과 가족 여러분,

힘내시고 끝까지 하나님과 동행하시길 기도합니다.

77   이유 없이 아픈 어린 아이들 위해서

기도하시는 분들의 모든 기도가 응답받기를 기도합니다.

주님 뜻 깨닫는 귀한 역사 있기를 기도합니다.

또 이유 없이 아픈 어린 아이들 위해서 간절히 기도합니다.

제가 하나님께서 쓰시는 세계 최고의 의사 되기를 원합니다.

78 천사와 함께 노는 즐거운 꿈을

하나님, 어제 우리 아가 예닮이가 심장 수술을 받았습니다.
수술 잘 되었다니 정말 진심으로 감사드립니다.
아직 중환자실에서 혼자 힘들어 하고 있어 마음이 아픕니다.
고통 받지 않고 힘들지 않게 항상 예닮이와 함께해 주시고,
잠들었을 때 천사와 함께 노는 즐거운 꿈을 꾸게 해 주세요.
상처의 회복이 신속하게 이루어져
온전한 심장의 기능을 할 수 있도록
치유의 손길로 어루만져 주세요.
아이를 위해 많은 사람이 기도드리고 있습니다.
그 손길마다 은혜 내려주시고 축복하여 주옵소서.
저 또한 그들을 위해 기도하게 하시고,
기도가 필요한 이들을 잊지 않게 하소서.
그동안 신앙생활 게을리했던 것을 회개합니다.
우리 가족 앞으로 예닮이를 통하여 주님을 만나고,
신앙의 깊이를 되새길 수 있도록 믿음 이끌어 주소서.
힘든 가운데도 침착하고 담대한 마음 주셔서 감사합니다.
믿음 생활 잘할 수 있도록 언제나 저와 함께해 주세요.

주님, 감사합니다.
긍정적인 생각과 어려움을 이겨낼 강한 모성 주심을
감사합니다.

79 지금까지 잘 견디어 낸 것처럼

주님께서 사랑하시는 우리 딸 사랑이가
조직검사를 위한 수술을 합니다.
20여일 엄마와 떨어져 중환자실에 있는 사랑이,
지치고 힘들지 않게 붙들어 주시고
지금까지 잘 견뎌낸 것처럼 이겨낼 수 있게,
주님이 함께하시어 무사히 수술을 마칠 수 있게 해 주세요.
아무 이상 없이 건강하여져서 저의 품으로 돌아오고,
건강하게 키울 수 있게 해 주세요.
오늘 하루도 주님께 감사의 기도를 드릴 수 있게
감사함으로 채워주시고, 승리하는 하루되게 지켜주세요.

80 격려 받고 사랑 받고 갑니다

병원교회가 있음을 알고도 쉽게 발길이 옮겨지지 않았는데,

아버지와 교제하고 싶은 마음이 내 안에서 솟아올라

어제, 오늘 기도하고 갑니다.

늘 나와 동행하시고 우리를 사랑하시는 하나님 품 안에서

격려 받고 사랑 받고 갑니다.

여기 오시는 모든 분들에게

주님의 평안과 축복이 함께하길 기도합니다.

치료의 하나님께서

서울대병원의 모든 환자와 보호자들의 아픔과 상처,

고통과 슬픔을 모두 치유하시고,

어루만져 주실 것을 믿습니다.

81 보살펴 주세요

도와주세요. 보살펴 주세요.

사랑해 주세요. 지켜주세요.

항상 기도해 주세요.

82 소망을 두고 의지합니다

하나님, 성준이를 보살펴 주소서.
알렉산더*라는 불치병 낫기를 기도합니다.
"할 수 있거든이 무슨 말이냐 믿는 자에게는
능치 못할 일이 없느니라"라고 말씀하신 주님,
이 말씀을 제 마음에 새기고 아들 성준이를 봅니다.
사람의 힘으로는 어찌 할 수 없는 병도
아버지께서는 하실 수 있사오니, 부디 치료하여 주셔서
성준이를 통해 아버지의 크신 사랑과 계획을 나타내소서.
우리 가족은 평생 하나님만을 섬길 것이오니
주님의 보혈로 머리 끝부터 발 끝까지 덧입혀 주셔서
승리하게 하옵소서.
오늘도 주님께 소망을 두고 의지합니다.

83 골수이식을 받고 합병증 없이

하나님, 감사합니다.
임파구성 **백혈병***이 재발되었지만,
동생의 골수를 이식 받게 하셔서 감사합니다.
3주 전 **골수이식***을 받고 합병증 없이 잘 치유되고 있습니다.
중보해 주시는 많은 믿음의 성도들을 보내주심 감사합니다.
목사님께서 기도해 주셔서 감사합니다.
소아암 환자와 그 가족을 위한 중보자들이 많아지게 하시고,
하나님의 치유의 손길 알게 하여 주옵소서.
하나님께 영광과 찬양을 올립니다.

84 제가 천주교 신자인데도

목사님, 감사드려요. 제가 천주교 신자인데도,
목사님은 심적으로 고통받는 제게 힘과 길을 주셨어요.
앞으로도 지금처럼 변치 마시고
하느님의 신도들을 바른 길로 힘껏 인도해 주세요.
감사합니다.

85 조금은 염려되고 궁금하고 불안해 하는

오늘이 제가 유방암 수술한 지 26개월 되었네요.
검사 결과 아무 이상이 없습니다.
주님이 고쳐주실 것을 믿으면서도
조금은 염려되고 궁금하고 불안해 하는 제 모습을
저도 알고 주님도 알고 있습니다. 죄송합니다.
연약하고, 그래서 주님을 더욱 의지하고 찾게 됩니다.
주님이 건강 주시는 그날까지 주의하며 살기를 소원합니다.
새 생명 다해 일하는 기쁨 속에 살게 하소서.

86 어디서 출혈이 생기는지 찾지 못하고 있습니다

내장 출혈이 있습니다.
출혈의 원인이 무엇인지,
어디서 출혈이 생기는지 찾지 못하고 있습니다.
출혈의 근원지를 찾을 수 있게, 막을 수 있게 기도해 주세요.
급성 **신부전증***으로 신장이 악화되었습니다.
소변 잘 누고 치료할 수 있도록 기도해 주십시오.

87   너무 고통스러워하는 모습에

사랑하는 정신지체 장애인 동생이 지금 외과 중환자실에서
천국길을 사모하며 하루하루를 지내고 있습니다.
의사는 며칠 남지 않았다고 합니다.
너무 고통스러워하는 희주의 모습에
저희도 차라리 빨리 주님 품에 안겼으면 합니다.
고통 없이, 평안히 아버지 품에 안기도록 기도해 주세요.
감사합니다.

88   남은 치료의 과정을 잘 견디게 하시고

의식을 회복시켜 주시고, 검사 결과 이상이 없고,
앞으로 인공호흡기를 떼고 재활할 수 있도록
여기까지 회복하게 하신 주님, 감사합니다.
하나님이 하셨습니다.
남은 치료의 과정을 잘 견디게 하시고
빚진 자로서 살면서 그 사랑의 빚을 갚을 수 있길 원합니다.
오늘도 감사하며 기도합니다.

89   아이가 감당할 만큼씩 수술하며

하나님, 감사합니다.

중1인 딸 머리에 션트 1.5로 고정하고 갑니다.

8개월 아기 때부터 희귀 난치병으로 고통 중에

아이가 감당할 만큼씩 수술하며 치유해 가시는 그 손길,

인도하심 감사드립니다.

잘 먹고 잘 자라게 하시고, 기계에 의존하지 않게 치료되어

주님 전하는 자녀로 사용하여 주소서.

이번 1.5도 잘 감당하도록 모든 세포 강건케 하시고,

새롭게 만져주소서.

오늘을 예비하신 분도 하나님이시기에

아버지의 뜻대로 인도하실 줄 믿습니다.

저희가 깨어서 인도하심 따라 갈 수 있도록 도와주옵소서.

중보기도 부탁드립니다.

90   다시 검사를 받아야 한다고 합니다

하나님, 감사합니다.
주님께 나아가게 하시고, 주님 찾게 하시고,
기도하게 하시니 감사합니다.
저는 너무 연약하고 나약합니다.
유방암 3기로 치료를 모두 마쳤지만,
작은 몽우리가 생겨 다시 검사를 받아야 한다고 합니다.
주님께서 저를 지키시고 저를 치료해 주신다는 것을
믿고 또 믿습니다. 오직 주님만을 의지합니다.
나약한 제가 주님께 나아갑니다.
저를 이 광야에서 구원하여 주시옵소서. 아멘.

91   긴 터널의 길이 힘들어도

긴 터널의 길이 힘들어도 소망의 주님이 계심을 믿습니다.
부디 그 가는 길, 어렵지 않게 해 주시고
그 터널의 끝엔 꼭 완치의 기적이 있기를 기원합니다.

92   살리는 길이 되게 하시고

사랑의 하나님, 감사합니다.
무사히 치료 받게 하시고, 주님 앞에 나아가
기도할 수 있게 해 주셔서 감사합니다.
주의 귀한 자녀로서 쓰임받는 제가 되게 하시고,
고난 속에서 오직 주님만 바라보며 나아갈 수 있게 하소서.
암이 저를 죽이는 병이 아니라, 살리는 길이 되게 하시고
주를 더욱 의지하며 찬양하는 삶을 살게 해 주소서.
제 마음의 모든 슬픔, 분노, 우울, 두려움…….
주님 앞에 내려놓습니다.
평안을 주시고 항상 감사하는 마음으로 살게 하소서.
모든 연약한 이들에게 평안을 주시옵소서.
고통 가운데 두지 마옵소서.
주가 우리 가운데 거하심을 믿습니다.

93   우리 아이가 어려운 상황에서도

하나님, 우리 아이가 방광요관 역류가 있습니다.
어려운 상황에서도 전능하신 하나님을 믿고 의지하는
부모 되게 하여 주세요.
우리 아기의 앞길을 축복해 주세요.

94   늘 재발이라는 불안 속에 살아야겠지만

감사합니다.
지난 일 년 동안 많이 힘들었고 원망도 많이 했었는데,
아기가 건강하게 돌을 맞게 해 주심 감사합니다.
늘 재발이라는 불안 속에 살아야겠지만,
담대하게 주님께 믿고 맡깁니다.
우리 아가 건강하게 살아가도록 지키시고, 도와주옵소서.
감사드리며 기도합니다.

95 의지할 곳도 없고 할 수 있는 일도

맑은 봄날이다.
팔십이 넘으신 친정 아버지께서
직장암 수술을 받고 계신다.
어제 오후 암세포가 깨끗이 없어졌고,
예정대로 남아있는 섬유질을 제거하는 수술이라 한다.
암을 치유하신 하나님께 죄송한 마음이 든다.
주님 주신 몸으로 온전히 관리하지 못한 것 같아서……
친정의 여러 어려움 가운데서 지금은 암까지 생겼지만,
벽을 보고 기도하던 히스기야 왕처럼 기도한다.
의지할 곳도 없고
할 수 있는 일도 한계가 있음을 고백하며,
한 분이신 살아계신 하나님께 기도에 기도만 드린다.
주님의 신실하심과 변하지 않으심과 긍휼하심을 간구하면서
지금 살아계셔서 역사하시는 나의 하나님께 감사드립니다.

04

눈물 흘림이
우리의 기도입니다

96 얼마나 목 놓아 울었는지 모릅니다

주님, 감사드립니다. 사실 너무나 힘든 하루하루였지만,

주님이 함께하셔서 우리 가족 여기까지 잘 견디고 왔습니다.

포항에서 엄마의 혹에 대해 안 좋은 이야기를 듣고

얼마나 목 놓아 울었는지 모릅니다.

갑자기 세상이 두렵고, 무섭고

도대체 어떻게 해야 할지 몰라 눈물만 흘렸습니다.

얼마 전에 하늘에 계신 아빠께도 부탁하고 기도하고…….

아직 믿음이 많이 부족하지만, 힘든 일을 겪으면서

하나님께 더욱 가까이 가려고 노력합니다.

하나님, 내일이 엄마 수술날입니다.

주님, 지켜주세요.

엄마에게 담대함을 주시고 수술하는 의료진의 손길에

하나님, 함께하여 주세요.

우리 가족과 함께하여 주세요.

97 마음이 아프고 빈 가슴은 눈물로

기도로 함께해 주셨던 많은 분들께 감사드립니다.
90여일 항상 드나들며 기도하게 해 주신
병원교회에도 감사드립니다.
비록 의술로는 일어서지 못했지만,
주님 나라로 가고 있는 내 아들 태한.
마음이 아프고 빈 가슴은 눈물로 차고 있지만,
감사하는 마음으로 기쁘게 보내고 싶습니다.
주님께 섭섭한 마음이지만, 제 마음 복되게 기도해 주세요.

98 힘든 나날이지만

저희 큰오빠가 폐암 말기로 입원해 있습니다.
큰 오빠는 예수님을 믿지만, 새언니는 아직 믿지 않습니다.
척추까지 전이되어 고통이 심합니다.
힘든 나날이지만,
오빠가 하나님의 도우심으로 평안하고 고통을 덜 느끼며,
더욱 믿음이 강건해지기를 기도합니다.

99 아주 평범한 삶이라 재미가 없다고요

얼마나 울면서 기도했는지…….

병원교회에서 매일 11시, 우리 가족은 작정기도를 했습니다.

어떤 때는 감동으로 울고,

어떤 때는 하나님께서 치료하심을 바라보고 울고,

날마다 온 식구가 더욱 기도에 힘써 매달렸습니다.

아주 평범한 삶이라 재미가 없다고요?

보는 것, 말하는 것, 먹는 것, 숨 쉬는 것, 배설하는 것…….

이런 것을 할 수 있는 것이 얼마나 기적인데요.

우리는 기적 가운데 살고 있어요.

아들이 하나님의 기적으로 인공호흡기를 제거했습니다.

주님께 감사와 영광을 돌리며,

새로운 호흡기에 잘 적응할 수 있도록 간절히 기도합니다.

이제 폐에 연결된 관도 하루속히 뽑게 하여 주시옵고,

숨골도 들어가지 않게, 편안히 숨 쉬게 하여 주옵소서.

하루속히 입원실로, 집으로 갈 수 있길 간절히 기도합니다.

100 지금 주신 이 모든 일상에 눈물로 감사드리며

하나님, 감사합니다.

슬기가 6살입니다.

마취사고로 인한 뇌 손상에도 불구하고

기적을 일으켜주신 주님, 감사합니다.

아이가 기적같이 보고, 듣고, 말하고, 뛰어다니기도 합니다.

아직 온전하지 못한 소근육과 운동신경도

모두 사고 이전처럼 완치시켜 주소서.

건강하게 친구들과 유치원 생활할 수 있도록 하소서.

지금 주신 이 모든 일상에 눈물로 감사드리며,

처음 하나님을 알게 된 제게도 믿음 굳건하게 하소서.

감사드리며 기도합니다.

101 하염없이 눈물이 나네요

선천성 거대모반*으로 성형외과에서 첫 수술을 합니다.
수면제를 맞고 수술실로 들어가는 아이의 모습을 보니
하염없이 눈물이 나네요.
하나님, 왜 우리에게 이런 고통을, 연단을 겪게 하시는지요?
분명 우리 가온이에게 하나님의 큰 뜻을 실현하시고,
우리 가온이를 크게 쓰실 것을 믿고 감사합니다.
꼭 훌륭하게, 이 아픔의 두 배 세 배 더 잘 자라게 해 주세요.
주님, 우리 가족에게 힘을 주세요.
우리 가온에게 강건함을 주세요.
이번 수술이 잘 되어서
앞으로 여러 번 수술을 할 때마다 잘 이기게 하시고,
이후의 수술 일정도 순조롭게 하옵소서.
의사 선생님의 손을 빌어 직접 하나님께서 수술해 주시고,
마취과 선생님과 모든 수술 스텝들의 손길도 인도해 주세요.

102 그 아이를 생각하면 마음이 또 아파옵니다

사랑의 주님, 우리 다힘이를 기억하여 주옵소서.
암 진단 후 힘들다는 항암과 조혈모 이식을 마친 상태에서
갑자기 뜻하지 않은 **뇌출혈***로 지금 중환자실에 있습니다.
3번의 뇌 수술과 1번의 심장 물 빼는 수술로
지금 많이 지치고 힘든 상태입니다.
이제 우리 다힘이의 눈에서 눈물이 흐르지 않도록
주님, 도와주옵소서.
정말로 우리 다힘이가 스스로 숨 쉬고 먹을 수 있도록
아버지께서 도와주옵소서.
의식도 없는 가운데 3개월을 병원에서 지내고 있습니다.
정말로 다힘이에게 치유되는 역사를 허락하시고,
온가족이 함께 주님 전에 나와 기도드리게 해 주시옵소서.
주님의 살아계심을 증명하는 산증인이 되게 해 주시옵소서.
또한 소아 중환자실에 있는 많은 아이들을 위해 기도합니다.
고통 받고 있는 우리 아이들 하루속히 일어나게 도와주소서.
또한 다힘이의 형이 이제 초등학교에 들어갑니다.
엄마보다, 아빠보다 더 열심히 기도하는 우리 아이에게

지혜와 총명함을 주시고,
친구들과의 관계도 원만하도록 허락하옵소서.
1년이라는 시간 동안 동생의 투병생활로 인해
할머니에게 맡겨져 마음의 상처를 갖고 있는 아이입니다.
지금의 이 상황을 잘 이해하고,
동생을 위해 기도할 수 있도록 보살펴 주옵소서.
예수님의 이름으로 간절히 기도드립니다.
p.s. 목사님, 우리 큰아들을 위해 기도해 주세요.
그 아이를 생각하면 마음이 또 아파옵니다. 부탁드립니다.

103   눈물이 안 나와 속이 터질듯해요

오늘도 울화가 치미는데,
눈물이 안 나와 속이 터질듯해요.
기도도 드릴 수 없어 밖으로 나가
분주하게 세상을 배회해도 저를 지켜주세요.
하나님을 기다립니다.

104 눈물 흘렸던 자리를 기억하고

사랑과 치유의 하나님,
심장 수술 후 퇴원한 이후에도 늘 함께하심을 감사드립니다.
계속 치료를 받고 있습니다.
외래에 올 때마다 기도하며 눈물 흘렸던 자리를 기억하고,
잠시 무릎 꿇고 기도하고 갑니다.
하나님, 기도 노트에 쓰인 중보기도를 원하는
모든 분의 기도에 꼭 응답해 주세요.
주님의 사랑에 같이 감사드릴 수 있도록 기도드립니다.

105 세상의 위로가 아닌 화평을

외롭고 우울한 저희 딸을 주님의 사랑과 은혜로 덮어주소서.
세상의 위로가 아닌 주님의 화평을 누리며 살게 하소서.
온전한 딸로, 주님만 의지하는
믿음의 자녀로 살아가기를 기도합니다.

106 뇌사상태로 어렵게 하루하루를 버틴지 10일째

사랑하는 나의 오빠 김재승.

현재 뇌사상태로 어렵게 하루하루를 버틴지

10일째 되어가고 있습니다.

아버지도 5년 전에 돌아가시고 엄마, 오빠랑 살고자 했는데,

또다시 너무도 어려운 시련을 겪고 있습니다.

희망이 없다고 말하는 의사 선생님도 참으로 밉지만,

우리 가족이 서로 사랑하며 살아왔던 것처럼

앞으로도 사랑하며 살 수 있게 하나님께 간절히 호소합니다.

오빠의 아들이 이제 겨우 16개월인데,

아빠와 함께 인생을 경험할 기회를 꼭 주시기 바랍니다.

우리 오빠를 살려주세요.

그리고 여기 머물다 가는 모든 이들에게 건강한 삶을 주시어

더불어 행복한 세상이 될 수 있기를 간절히 바랍니다.

107   투병하고 있는 남편을 존경하게 됩니다

순간순간 닥쳐오는 위험을 간신히 모면하고 있습니다.

신장이 망가져서 혈액 투석을 하기 시작했고,

방금도 호흡수가 갑자기 빨라져

응급처지를 했다고 합니다.

어려운 순간에도

의식 잃지 않고 초인적인 힘을 발휘하여

투병하고 있는 남편을 존경하게 됩니다.

그동안 한 번도 남편을 존경하는 마음 가져본 적 없는데…….

이 마지막 때에 그런 마음을 하나님께서 주셨습니다.

남편의 투병생활로 귀한 진리를 깨닫게 하심 감사합니다.

'생명의 주인이 우리가 아니'라는 것을 깊이 깨닫게 하시려

남편을 도구로 사용하신 것 같습니다.

주님이 주시는 평안을 가지고 그 누구도 빼앗을 수 없는,

백혈병도 빼앗아갈 수 없는 평안함을 가지고

투병할 수 있길 기도합니다.

주님이 친구가 되어주시고,

주님이 손잡아 주시길 기도합니다. 아멘.

108 혀가 하루에도 수차례 마비되어

5층에 입원하고 있는 환우입니다.
성대와 혀가 하루에도 수차례 마비되어 여러 검사 끝에
두개골 밑에 악성종양이 있다는 판정을 받았습니다.
1차로 월요일에 **감마나이프 시술*** 을 하고,
한 달 뒤 반응이 안 나오면 수술하게 될지도 모르겠습니다.
종양이 안쪽 깊숙한 곳에 있어 조직검사도, 수술도
신경들이 손상될지 모르는 부작용이 우려되어
일단 **감마나이프 시술*** 을 하기로 한 것입니다.
부디 수술까지는 가지 않도록 함께 기도해 주시면
더욱더 힘내어 이겨낼 수 있을 것 같습니다.

109 아가와 함께 집으로 갈 수 있게

하나님, 아가와 함께 집에 갈 수 있게 해 주셔서 감사합니다.
우리의 모든 것을 주관하시는 주님,
이 아기를 불쌍히 여겨주셔서
건강하게 살아갈 수 있게 도와주세요.

110 졸여왔던 것이 현실이 되지 않게 해달라고

오늘 수호가 소아흉부외과 병동으로 옮깁니다.
항암 종료하고, 마음속에 항상 졸여왔던 것이
현실이 되지 않게 해달라고 목놓아 울었습니다.
다리 늘리는 수술하고 지난 금요일 퇴원이었는데,
전날 찍은 폐 CT에서
콩알만한 것이 발견되었다고 합니다.
겨드랑이에도 주먹만 한 임파선이 잡힌다고 했습니다.
또 항암을 해야 하는 건 아닌지?
수술은 어떻게 진행되는지?
수호가 많이 울었습니다.
부디 양성이기를 간절히 바랍니다.
하나님 도와주세요. 제가 하나님의 뜻을 알게 해 주세요.
이번주 중으로 수술이 잡힐 것 같습니다.
하나님의 손길과 능력이 집도하시는 선생님의 손길과
모든 의료진들의 손길 위에 함께하심을,
그리고 아들을 고치시고 살려주심을 제가 믿습니다.
하나님, 감사합니다.

111 조금만 아프게 하여 우리 곁에 있게 해 주세요

강다영 엄마입니다. 도와주세요.

다영이를 위해서 기도해 주세요.

응급실에 있다가 갑자기 병이 악화되어서

심장병 환자로 중환자실에 있으며, 현재 혼수상태입니다.

이제 열 살 된 아이는 너무 착하고,

하나님 사랑하고,

기도도 열심히 했었는데…….

하나님, 우리 아이 조금만 더 힘 있게 하여 주세요.

병과 싸워서 조금씩 조금씩 완쾌하는 다영이를,

조금만 아프게 하여 우리 곁에 있게 해 주세요.

아이의 아픔을 통하여 믿음 더욱더 충만하여

열심히 하나님을 사랑하겠습니다.

112 눈물로 기도드리는 것밖엔

환우를 위해 기도해 주세요.
매일매일 할 수 있는 일이라곤 그저 이곳에 찾아와
눈물로 기도드리는 것밖엔 아무것도 없습니다.
한때 제 소원은 식물인간이라도 되어
오빠를 두고두고 볼 수 있게 되는 것이었으나,
그마저 욕심인가 봅니다.
이제 16개월 된 아들을 두고 그저 누워만 있으면서
얼마나 힘이 들고 가슴이 아프겠습니까?
머리는 힘들다고 하지만,
가슴은 아직 희미하게 뛰고 있으니
오빠가 가슴으로라도 이 모든 걸 느끼고 있다고 믿습니다.
하나님 아버지, 저희 가족에겐 무엇이 남았나요?
오늘은 날도 춥고 제 마음도 얼어 있습니다.
아무것도 사랑하기 싫습니다.
하나님만 볼게요.
제발 기적같은 소생의 기회를 주시고,
하나님의 착한 아들, 딸 되게 하소서.

엄마가 너무나도 비통해 하고 있습니다.

모두 당신 죄라 하십니다.

가슴 아파 더는 볼 수가 없습니다.

제발 도와주세요.

하나님의 아들, 딸 되겠으니 제 기도를 들어주세요.

113   가슴에 자꾸 못질하는 듯 너무 아프기만 합니다

뇌사 상태 김정민.

어제보다 나아진 모습을 원하지만, 그리 좋아보이지 않네요.

저의 기도를 들으셨나요?

하루하루 가슴에 자꾸 못질하는 듯 너무 아프기만 합니다.

어찌해야 좋을지 아무 생각도 나지 않고, 눈물만 자꾸 나요.

소생의 꿈을 주세요.

저는 지금 당장 주님 나라 가더라도 하나도 아깝지 않고,

더 바랄 게 없습니다.

우리 아들 조금만 더 살다 갈 수 있도록

주님, 은혜를 베풀어 주옵소서.

114 간절히 원하는 기도에 눈물이 나고

오늘 또다시 통원치료 왔는데 함께해 주세요.
주님께 기도하고 나오다 다른 사람의 기도를 읽었습니다.
주님, 힘이 되어 주세요.
간절히 원하는 기도에 저도 눈물이 나고 기도가 됩니다.
사랑 많으신 주님, 간절한 기도를 들어 응답하여 주옵소서.
아픈 이들의 건강을 회복시켜 주시고 희망을 주셔서
살아가는 이유가 되게 하시고, 남은 인생 복되게 하옵소서.
같은 환우 입장에서 힘이 되어 주고 싶습니다.
주님, 능력 주시고 힘 주셔서 복되게 살아가게 해 주옵소서.
모든 기도를 주님 다 들어 주심을 믿습니다.

115 아픈 육신의 몸은 홀가분히 벗을 수 있도록

사랑하는 하나님, 저희 엄마가 주님께 가려하고 있습니다.
한평생 고생만 하시다가 병을 얻어 또 고생하고 가십니다.
주님, 주님께서 천국으로 인도하시고
아픈 육신의 몸은 홀가분히 벗을 수 있도록 하옵소서.
간절히 기도드립니다.

116 두 번의 절망을 주게 됨에 눈물이 흐르지만

모든 것을 주관하시는 사랑의 주 하나님,
불쌍한 제 동생이 지금 수술 중입니다.
수술실에 주님께서 함께하시어 집도하시는 교수님에게
치유의 손길과 지혜를 허락하셔서
무사히 끝마칠 수 있기를 기도드립니다.
자매를 사랑으로 키워오신 저희 어머니께
두 번의 절망을 주게 됨에 눈물이 흐르지만,
주님의 놀라운 기적이 또 일어나리라 굳게 믿습니다.
늘 주기만 하시는 나의 하나님!
사랑합니다.
그리고 주님의 기적을 믿습니다.

117 하늘의 별을 따는 것보다 더 힘들고

부산에서 올라온 이재우 엄마입니다.
아이가 심장병을 앓고 있어요.
제한성 **심근병증***으로 심장이 이완되지 않는 병이라는
진단을 받았습니다.
이 병은 심장이식 밖에는 치료할 수 없는 병이라고 합니다.
그러나 우리나라에 심장이식은 정말 힘든 일이라고 합니다.
똑같은 체질을 가진 심장을 받기란
하늘의 별을 따는 것보다 더 힘들고
이식을 한다고 해도 경제적인 문제와
수술 후 휴유증에 따르는 합병증이 올 수가 있다고 하니
앞이 캄캄해지고 하염없이 눈물만 납니다.
또 다른 가능성을 가지고 조직검사에 들어갑니다.
이제 기다리는 것은 마지막 희망인 조직검사 결과입니다.
심장 주위를 둘러싼 심낭이 문제가 되어 수술을 받고
꼭 치료하여 완쾌 되어서 건강하게, 밝게 살아가도록
하나님이 도와주실 것을 믿습니다.

118   어머니의 눈물의 기도로

유방암 진단 3기입니다.
겨드랑이에도 전이 되었으나, 주님의 인도하심으로
항암치료 2번 받고 양쪽 크기가 모두 줄어들었습니다.
오늘 5번째 항암 치료를 받으러 왔습니다.
저희 어머니의 눈물의 기도로 날로 치유되어짐을 믿습니다.
환경에 흔들리지 않고, 주님의 인도하심에 순종하게 하소서.

119   우리의 아픔을 뼈 속까지 어루만져 주시고

여러 사람들이 적은 기도의 제목들을 읽으니 눈물이 납니다.
하나님은 우리의 기도를 들어주십니다. 힘을 내십시오.
하나님, 이들의 아픔을 누구보다도 아십니다.
병을 주신 분도 하나님이시며,
병을 통해 우리에게 말씀하고자 하시는 분도 하나님입니다.
하나님, 우리의 아픔을 뼈 속까지 어루만져 주시고
치유되게 하소서.
저들의 병이 다 나아서 기쁨의 가정으로 돌아가게 하소서.

120 병과 싸우는 것을 포기할까봐 두렵습니다

몇 번을 망설이다 적어봅니다.
6개월이 조금 넘은 딸 아이가 심장수술 받고
지금 중환자실에서 힘겹게 버티고 있습니다.
원인을 모르고, 컨디션 기복도 심한데다 세균감염까지 겹쳐
부모인 우리만큼이나 의료진들도 애태우고 있습니다.
가장 걱정되는 것은(아이들의 생명력이 강하다고는 하지만)
너무너무 힘들어서
우리 아이가 병과 싸우는 걸 포기할까봐
그게 가장 두렵습니다.
그것이 주님의 뜻이라면, 주님이 우리에게 주신 시간이
이것밖에 되지 않는다면 제가 쉽게 받아들일 수 있을까요?
우리의 욕심 때문에 아이가 더 고통 받으면 어떻게 하지요?
주님, 모든 건 주님의 뜻에 맡기겠습니다.
주님이 저희에게 주신 생명,
주님께서 원하시는 그날까지 사랑하며 살겠습니다. 아멘.

121   얼마나 많은 이들의 눈물과 기도가

오늘 딸 아이가 5번째 머리 수술을 받습니다.

아직 돌도 되지 않은 9개월.

3개월 이른둥이로 태어나

딸과 아들 모두 많은 고통을 겪었습니다.

이제부터 주님께서 깨끗하게 치유하시고

이 아이들을 통하여 영광 받으시길 원합니다.

얼마나 많은 이들의 눈물과 기도가

이 교회에 쌓여있을까요?

우리의 간절한 기도를 들으시는 주님,

이곳에 주님을 찾는 모든 이들이

거룩한 주님의 성전되어 주님을 기쁘시게 하고,

그 삶의 고통의 순간 가운데 함께하시고

지켜주시길 간절히 기도드립니다.

122 위급한 병을 앓고 있습니다

루푸스*라는 난치병 선고를 받은 아들의 건강을 지켜주세요.
신장이 너무 상해서 계속 혈료를 쏟아내고 있습니다.
기도해 주세요.
목사님, 사랑하는 외아들이 ADEM(**급성파종성 뇌척수염***)
이라는 위급한 병을 앓고 있습니다.
분명 치료가 되고 온전케 될 줄로 믿습니다.
아들을 위해 기도해 주세요.

123 수술 부위가 잘 아물게 해 주세요

오후에 다리 절단 수술이 있습니다.
85세입니다.
오른쪽만 4번 절단합니다. 왼쪽은 2000년에 절단했어요.
오늘 수술하시는 의료진에게 하나님 함께해 주실 줄 믿고요.
많이 아프지 않고 수술 부위가 잘 아물게 해 주세요.
이제까지 함께하신 하나님, 감사드립니다.
수술 시간은 오후 3-4시입니다.

124   1% 미만의 병이 우리 아이의 심장에

하나님, 주를 믿고 따릅니다.

우리 한빛이 병을 고쳐주세요.

한빛이 태어난 지 2주가 넘어 아프다는 사실을 알았습니다.

미처 출생신고도 못한 상태에서 청천벽력 같은 소식에

정말 죽고 싶은 심정이었습니다.

하지만 하나님에 대한 믿음이 있었기에 이렇게 기도합니다.

이런 복합적인 병은 처음이라고 합니다.

1% 미만의 병이 우리 아이의 심장에 있다니……

하나님, 아이의 심장에 기적을 베풀어 주세요.

보여주세요.

간절히 기도하고 또 원합니다.

사랑하는 아이 살려주세요.

다른 장기들의 부작용으로 수술도 못할 위치에 있다고 해요.

모든 장기들이 제 위치에서 제 기능을 하게 해 주세요.

하루하루를 주님을 의지하며, 또 바라봅니다.

하루빨리 수술 받고 웃는 얼굴로 만날 수 있게 해 주세요.

하나님, 도와주세요.

125 다른 사람에게만 일어날 것 같은 일이

둘째 딸이 중환자실에서 헤매고 있습니다.
처음엔 왜 내게 이런 일이 생겼나 원망과 남편 탓 등
마음의 갈피를 잡을 수 없었습니다.
다른 사람에게만 일어날 것 같은 일이 내게 닥치니
받아들이기가 너무 힘들어 계속 눈물만 났습니다.
항상 미진이를 보면서 유독
"넌 내 눈에 넣어도 안 아픈 그런 아이야." 말하곤 했는데,
하필 그 애가 난치병에 걸렸다는 것이 너무 슬퍼
하늘이 무너지는 것 같더군요.
지금은 언제, 어떻게 될지 모르는 상황이고
할 수 있는 것은
하나님을 의지해 기도하는 것 뿐입니다.
기도하다 보니 원망도, 불평도 없어지고
오직 하나님께서 부어주신 사랑을 깨닫게 됩니다.
하나님의 손길로 온전하고 깨끗이 치유되어
의의 나무로 굳게 서길 간절히 기도합니다.

126 왜 나에게 이런 시련이 찾아 오냐고

왜 나에게 이런 시련이 찾아 오냐고 울면서 기도했던 때가
벌써 4년이 지났네요.
어떻게 살았는지도 모르게 시간이 순식간에 지나갔어요.
그동안 하나님께서 제게 베푸신 은혜들을 돌아보고 갑니다.
너무 앞서지 말고, 너무 미래만 생각하지 말고
지금 이 순간 감사하며 살게 해 주세요.
그때 베푸신 은혜들을 마음 깊이 묵상하며 살게 도와주세요.
절망과 고통 가운데 놓인 불쌍한 우리들을 긍휼히 여기시는
하나님을 바라볼 때 새 소망과 기쁨이 넘침을 믿습니다.
주만 바라보게 해 주세요.

127   한 번만이라도 안아볼 수 있기를

하나님, 은주 엄마이자 주님의 사랑하는 딸이 글 올립니다.

수술 후 100여일이 지났습니다.

수술 후 지금까지 엄마 품에서 잠들어 본 적이 없는,

중환자실에 누워만 있는 은주를

오늘, 처음으로 안고 재웠습니다.

너무나 눈물이 나고 감사했습니다.

며칠간 계속, 잠시만이라도,

한 번만이라도 안아볼 수 있기를 기도했는데…….

오늘, 30여 분 동안 안아볼 수 있었습니다.

하나님께서 제 간구를 들으신 것이지요?

감사해요.

응답하시는 주님, 치료의 하나님…….

다시금 힘을 내겠습니다.

사랑합니다. 주님!

05

하늘의 뜻이
우리의 기도입니다

128 항암 9번에 10번째 수술을 받고

모든 것을 주관하시는 주님!
암과의 싸움에 있어 승리하게 하소서.
난소암 3기.
항암 9번에 10번째 수술을 받고, 항암까지 하고 퇴원합니다.
모든 것을 처음부터 끝까지 예비하신 주님!
저를 당신의 도구로 쓰여지게 하심을 압니다.
부족한 저이지만, "너는 내 것이라" 하지 않으셨습니까?
더욱 주께 충성하고 말씀에 순종하고 따르도록 인도하소서.
주님, 제게 사랑 주심을 감사합니다.

129 아빠 목소리…… 한 번만이라도

주님, 응급중환자실에 있는 우리 아빠…….
모든 것을 주님께 맡깁니다.
주님 뜻대로 하옵소서.
허나 주님, 아빠 목소리…….
한 번만이라도 좋으니 듣기를 간절히 원합니다.

130   제가 수술할 때마다 어머니는

1999년에 죽음의 길을 가다가
주님의 은혜로 다시 살아가는 사람입니다.
하나님의 은혜를 알고 있는 사람입니다.
주님의 뜻이 어떤 것인지를 향해 기도했던 순간이
얼마나 축복된 시간이었는지 모릅니다.
제가 수술할 때마다 어머니는 이 예배당에 앉아
홀로 기도하셨다고 합니다.
그 마음으로 오늘 기도하고 갑니다.
이 기도노트에 적혀 있는 모든 기도들의 응답이,
또한 하나님의 뜻이 어떤 것인지 알 수 있기를 기도합니다.

131   다시 일어나서 우리 병실의 희망이 될 수 있기를

하나님, 같은 병실에 있는 초롱이를 위하여 기도합니다.
초롱이는 지금 많이 아파하고 있습니다.
숨도 혼자 쉬지 못해서 온갖 기계에 의존해
겨우 목숨만 부지하고 있습니다.

오늘 내일 하면서 모두 초비상에 걸려있어요.
저는 초롱이를 잘 알지 못하지만, 같은 병실에 있습니다.
아이가 죽으면 안됩니다.
다시 일어나서 우리 병실의 희망이 될 수 있기를 바랍니다.
제발 데려가지 마세요.
지금 이 순간 기적이 일어나고 있음을 믿습니다.
우리 병실의 아픈 아이들을 멀리하지 말아주세요.

132   남은 병원 생활 속에서

하나님, 감사합니다.
당신의 자녀, 박노아 집사가 **구강암***으로 수술을 했습니다.
주님의 은혜로 수술이 잘 되었음을 감사드립니다.
하나님의 크신 뜻이 계시는 줄 믿사오니
남은 병원 생활 속에서 주님만 생각하길 원하고,
앞으로 재발되지 않도록 도와주세요.
저희 마음에 평안함을 허락하옵소서.

133 뱃속에 있을 때부터 알았던 병입니다

도희는 19개월 된 아이입니다.
낭성 **림프관종***으로 힘들어하고 있습니다.
뱃속에 있을 때부터 알았던 병입니다.
하나님께서 주신 생명이기에 낳아서 기르고 있습니다.
장기간 치료와 수술이 필요하고 완치 여부도 불명확합니다.
도희를 통해 뜻하신 하나님의 섭리가 있으리라 믿습니다.
그 뜻이 온전히 이루어지길 기도합니다.
또한 은혜를 베푸시사 깨끗이 치료해 주시기를 기도합니다.
기도 부탁드립니다.

134 그 후 10년, 재입원했을 때

1985년, 어린이 병동에 입원해 있을 때 주님 영접했습니다.
그 후 10년, 재입원했을 때 이 교회를 건축하고 있었습니다.
다시 입원한 지금, 교회에 나와 기도하니 감회가 깊습니다.
이 교회를 통하여 저처럼 구원받는 자가 더 많아지고,
주님이 계획 하신대로 이루어 나가실 줄 믿고 감사드립니다.

언제나 저의 부족함과 연약함을 깨닫게 해 주심 감사드리며,
기도에 응답하여 주실 것을 믿고 감사드립니다.

135 피부 이식을 마치고 치료 중입니다

딸 하윤이가 손가락 피부 이식을 마치고 치료 중입니다.
신경세포, 혈관 모두 잘 이어져 성공적이라는데,
혈액이 순환되지 않아 피부가 새까맣게 변하고 있어요.
주님이 빚어주신 하윤이 손, 그 모양 그대로 만들어 주소서.
11일 수술하여 12일 다시금 재수술을 받았어요.
그 어린 것을 불쌍히 여기시고
부디 오늘은 선생님 만날 때 좋은 소식 듣기를 기대합니다.
크신 치유의 능력을 하윤이에게 나타내주시어,
작은 신경 하나까지도 주님이 움직여 주옵소서.
아이 아빠도 처음 교회에 와서 기도합니다.
우리 아이를 통하여 주님의 사랑을 맛보게 하여 주시고,
저희 가정에 축복을 내려주옵소서.

136 평생을 장애아로 살아가야 하지만

언제나 함께해 주시는 주님!
많은 아픔 속에 주신 아이지만,
이제 한고비 잘 견디고 있음에 너무 감사드립니다.
기도할 수 있을 때 기도하지 못하고,
더 감사해야 할 때 감사하지 못했던 시간들을 회개합니다.
이제나마 깨닫게 하시고, 알게 하셔서 감사합니다.
이제 현이가 수술 후 회복 중에 있습니다.
아직도 엄마를 알아보지 못하고, 눈도 맞추지 못합니다.
주님! 현이와 함께하여 주옵소서.
이 모든 아픔을 이길 수 있는 담대함 또한 주옵소서.
아직 남은 수술이 있고
평생을 장애아로 살아가야 하지만,
주님 안에 온전한 아이로 다시 태어나기를 소원합니다.
기쁨으로 주신 아이,
늘 주님의 영광만을 드러내는 아이로 자라게 하옵소서.
주님의 귀한 뜻 가운데 모든 순간 주님만을 보게 하소서.
오늘도 함께해 주심을 확신하며…….

137 재수술하지 않고 피부가 회복되도록

주님의 귀한 말씀으로 새 힘 주셔서 감사합니다.
남편은 **골수염***으로
오른쪽 다리 무릎 아래 부분 뼈를 깎고,
이식수술을 했습니다.
이식한 부위에 피가 굳고 살이 죽어 이번주까지 지켜보고
수술이 필요하면 다시 해야 한다고 합니다.
우리는 6인 병실에 있고, 우리 부부만 믿는 자녀입니다.
그들에게 하나님 사랑과 말씀을 전하고 있습니다.
남편을 통해 살아계신 주님을 환우들이 만나기를 원합니다.
남편 피부가 죽었다 할지라도
기도할 수 있는 시간이 있음에 감사합니다.
절망 가운데 있는 환우들을 치유하시는 하나님,
기도하는 자녀들을 외면하지 않으시는 하나님 만나도록,
재수술하지 않고
피부가 회복되도록 기도 부탁드립니다.

138 밥 많이 잡수시고 조금 큰 소리로

하나님 사랑에 감사드리면서
목사님 말씀을 들을 때 기쁨과 평안함이 가득 넘칩니다.
그런데 저는 청각이 약해서
작은 소리는 듣기가 어렵습니다.
어느 때는 목사님 말씀이 잘 들리지 않아
개인적으로 안타깝고 속상할 때가 많이 있는데,
밥 많이 잡수시고 조금 큰 소리로 설교 말씀해 주세요.
하나님 말씀 놓치고 싶지 않아요. 놓칠 때가 제일 속상해요.
죄송합니다. 저 같은 사람 많지 않겠지만,
저는 하나님 말씀 놓치고 싶지 않아요.
말씀 잘 듣고 제 삶에 실천하며 말씀대로 행하며 살게요.
목사님, 사랑합니다. 축복합니다.

139 주님, 제가 이곳에 와서

주님, 제가 이곳에 와서 기도하는 것도 일주일 남았습니다.
이곳에서 주님을 만났고, 감사함을 알았고,

성령의 충만함을 알았고, 주님의 응답을 받았습니다.
주님, 너무너무 기쁘고 행복하고 감사합니다.
주님, 꼭 주님의 말씀을 실천하는 자녀가 되겠습니다.
주님, 이곳에 와 기도드리는 환우와 가족 그 외 모든 이들의
고난, 걱정, 경제적 어려움을 덜어주시고 살펴주소서.

140 치료를 마치지 못하고 퇴원을 합니다

병원에서 치료를 마치지 못하고 퇴원을 합니다.
주님께서 억울한 일을 겪게 하시고
지금껏 이끌어 가심에는
무언가 뜻이 있으시리라고 확신합니다.
억울함을 억울함으로 품지 아니하고 묻을까 합니다.
주님 살려주세요.
주님 사랑하는 가여운 아들에게 다시금 기회를 주셔서
"모든 것이 협력하여 선을 이루다"는
말씀의 증거가 되는 기회를 주십시오.

141 수술 후, 첫 내과 진료입니다

병원에서 암 수술 후, 첫 내과 진료입니다.
오늘 항암치료와 모든 치료의 과정을 위해 기도합니다.
의사 선생님의 말씀 한마디 한마디가, 처방 하나하나가
주님 뜻대로 이루어지기를 간절히 기도드립니다.
저를 위해 기도해 주시는 모든 분에게도 복을 내려주시고,
기쁨과 행복으로 가득하도록 기도해 주세요.

142 모든 치료의 처음과 끝을 맡기오니

사랑과 은혜가 많으신 주님,
하나님을 알지 못하는 아버님이 폐암 4기로 누워 계십니다.
세상의 것으로만 살아오신 분입니다.
이제는 하나님께 의탁하는 마음으로 기도드립니다.
그 영혼이 구원 받기를 기도드립니다.
하나님, 아버님의 모든 것 주장하여 주시고,
주님 앞으로 인도되는 역사를 이루어 주시옵소서.
우리 가정에 축복의 통로가 되기를 주님께 소원합니다.

주를 향한 새사람으로 거듭나는 축복을 주옵소서.
다음주부터 방사선 치료를 시작합니다.
모든 치료의 처음과 끝을 맡기오니 함께하여 주시옵소서.

143 아버지의 마음에 귀기울여

주님의 인도와 사랑 속에 간암 색전술이 1차 때보다 잘되어
완치되는 결과 주실 줄 믿습니다.
그의 영혼 속에 주님을 향한 신뢰와 감사가 먼저 충만하도록
역사하시는 성령님의 능력을 믿습니다.
말씀의 검이 그 심령 속에, 주님의 사랑이 그 심장에,
아버지의 은총이 그 상처에 임하게 하소서.
치유에 대한 감사의 제사를 드리게 하소서.
아버지의 마음에 귀기울여 아버지의 뜻을 알게 하시고,
아버지의 뜻에 순복하게 하소서.
이 땅에 남아 할 일이 무엇인지, 어떻게 해야 하는지
겸손히 무릎 꿇는 자 되게 하소서.

144 가끔씩 찾아오는 두려움, 불안, 낙심으로부터

주님, 감사합니다.

지난 2월 입원 후 퇴원하였다가 재입원한지 4일째입니다.

혈소판이 너무 떨어지고 코와 입에서 출혈이 심하다가

4일째 아침, 새벽기도에 참석하게 해 주심을 감사합니다.

그동안 혈액수치가 너무 낮아 중단했던 항암치료.

약을 바꾸어 어제부터 시작했습니다.

골수의 암세포들을 새로운 항암제로 말끔히 치료해 주시고,

주기적으로(더욱 빨라진 주기로) 맞는 수혈,

하지 않을 수 있게 해 주세요.

고난 중에도 항상 평안과 소망을 주시는 주님께 감사합니다.

지난 시간 동안 실로 주님의 위안이 없었으면

어찌 낙담과 두려움 속에서 벗어날 수 있었겠습니까?

그래도 가끔씩 찾아오는 두려움, 불안, 낙심으로부터

저를 붙잡아 주시고, 주님을 향한 믿음으로

7번 넘어져도 7번 일어나는 제가 될 수 있게 하옵소서.

이 모든 과정이 저의 잘못된 과거의 삶에서 완전히 회개하고

오로지 주님만 바라보는, 주님께 더욱 가까이 가는

은총의 시간이 될 수 있게 하여 주옵소서.
주님, 감사합니다.

145 지금까지의 삶을 감사드리며, 앞으로의 삶도

새로운 날을 허락하여 주시고 아름다운 자연을 느끼며
호흡할 수 있게 해 주심을 감사드립니다.
나의 사랑하는 친구가 지금 육체의 가시로 인해
투병생활을 하고 있습니다.
하나님께서는 고통 중에서도 우리와 함께하시며,
하나님께서 이루고자 하시는 계획대로
우리를 이끌어주심을 믿사오니
주님의 딸을 주의 능력의 손길로 치유하시어
거듭난 삶을 살면서 온 세계에 주님을 찬양하며 살도록
허락하여 주시옵소서.
지금까지의 삶을 감사드리며,
앞으로의 삶도 허락하실 줄 믿사오니 온전히 치유해 주시고,
새 삶을 살 수 있도록 자비의 손길을 베풀어 주시옵소서.

146 그 계획 가운데 가장 좋은 방법을 찾게 하시고

주님, 부족한 딸입니다.
췌장암 진단 받고 입원했습니다.
항암치료가 시작됩니다. 함께하여 주옵소서.
부족한 저를 위해 기도하는 성도들의 기도를 들어주시고,
이 일을 통하여 하나님께서 이루고자 하시는 뜻을 이루는
시간과 기회가 되게 하여 주소서.
허락하신 자녀들을 지켜주시고 주님 품에 품어주시고,
그들의 기도를 들어 주소서.
항암치료에 관해 오늘 의사 선생님이 계획하신다고 합니다.
그 계획 가운데 간섭하셔서 가장 좋은 방법을 찾게 하시고,
주님의 능력을 담은 선생님이 되게 해 주세요.

147 병원에 다니는 37년 동안 안타까움으로 함께

목사님, 사무엘입니다.
올해가 병원교회의 40주년이었네요.
병원에 다니는 37년 동안 안타까움으로 함께 기도해 주시고,

외래를 오면서 힘들어 잠시 쉬고 싶을 때는
편히 쉴 수 있는 이 공간이 있어 참 감사했습니다.
여전히 욕창이 곤란하게 만들고 있기는 하지만,
그 외에 다른 부분은 아픈 곳 없이 잘 지내고 있습니다.
병원교회가 40주년이라는 것 알게 되고
목사님이 내신 책도 읽어 보았습니다.
병원에 온 김에 40주년을 감사하는 인사를 남기고 싶었어요.
교회와 목사님과 모든 돕는 분들을 위해 늘 기도하겠습니다.

148   3달 전의 저와는 참 많이 달라졌습니다

3달만에 왔습니다.
3달 전의 저와는 참 많이 달라졌습니다.
두렵고 걱정하는 마음 때문에 여전히 불안하지만,
많이 편안해졌습니다.
제가 보다 긍정적으로 변화하도록 기도 부탁드립니다.

149 막다른 길로 등 떠밀리는 것 같아

주일날, 주영이는 병실로 올라왔습니다.
마지막에 아이 고생시키지 않으려고
심폐소생술*을 하지 않을 것을 문서화한 후
함께 있으려고 병실을 선택하였지만,
막다른 길로 등 떠밀리는 것 같아 마음이 상했습니다.
주님은 늘 좋은 것으로만 골라 채워주시는 분이기에
이 또한 하나님의 뜻이려니 받아들이려고 합니다.
하나님, 감사합니다.
여러 성도께서 함께 기도해 주실 것을 생각하니 든든합니다.
이 모든 것 너무나 감사, 또 감사하오며
지금껏 지켜주신 것처럼 앞으로도 지켜주실 것을 믿습니다.
이 마음속에 소망을 지키려 하오니 아버지,
우리 아이를 붙잡아 주소서.
아이에게 행해지는 모든 것에 의로운 것들로만 선별하여
채워 주소서. 아멘.

150 긴 항암 과정이 오늘로 끝났습니다

하나님, 드디어 6개월의 긴 항암 과정이 오늘로 끝났습니다.

돌아보면 주의 은혜입니다.

끝나면 마냥 기쁠 줄 알았는데,

믿음 약한 제 마음에 두려움이 생깁니다.

'방사선 치료가 다 마치면 어떻게 해야 하지?

재발률이 높은 기수인데' 하는 어리석은 두려움이 듭니다.

그간 병상에서 주님 붙드는 믿음은 어디 갔는지요?

주님, 주님이 붙들어 주시지 않으면

저와 함께하시는 주님을 보지 못하는 어리석은 자입니다.

두려움을 잠잠케 하시며,

"딸아 평안할지어다" 말씀하시는 주님 붙들게 하소서.

삶과 죽음이 주께 있으니 욕심 부리지 않고

나에게 주어진 오늘을 감사로 살게 하소서.

151 환자로 병에 눌려 살지 말고

보라, 새것이 되었으니!
예쁨과 소망이 없던 타락한 저를 구원하시어
새로운 피조물로 생명에 거하게 하신 하나님을 찬양합니다.
사나 죽으나 주의 것이오니 하나님 자녀답게 살게 하소서.
환자로 병에 눌려 살지 말고, 승리하는 삶 되게 주관하소서.
아버지께 모든 것 맡깁니다.
제 불신의 혀를 주의 보혈로 씻어내시고,
성령으로 충만케 하사 믿음의 말을 지혜롭게 하게 하소서.
"네가 주 예수 그리스도를 믿으면 너와 네 집을 구원하리라"
하셨으니, 그 약속 제게 속히 이뤄주소서.
저를 이끄시는 은혜, 감사드립니다.

152 엄마인 저의 단 하나, 마지막 소망은

병원과 병원교회를 집만큼 머문 세월이 벌써 17년입니다.
잠깐 곤한 잠을 청하고 일어난 후, 목사님께서 두고 가신 책
〈간절함이 우리의 기도입니다〉를 읽고 감동을 받았습니다.

제 아들의 17년 병상 생활 속에서 언제나 함께하신
신실하신 하나님, 감사합니다.
여전히 가야할 길이 멀지만 함께 기도해 주시며,
사랑으로 섬겨주시는 많은 믿음의 사람들과
병원교회 목사님께 감사드립니다.
끝까지 하나님을 신뢰합니다.
찬양이에게 가장 좋은 길을 주실 것을 믿습니다.
엄마인 저의 단 하나, 마지막 소망은
아들과 눈을 마주치며 함께 웃는 것입니다.
기도 부탁드립니다.

153 건강과 시간을 허락하시니 감사

은혜를 받으니 감사
믿음이 싹트니 감사
소망하는 것이 하나님의 뜻인 줄 믿으니 감사
건강과 시간을 허락하시니 감사
주님의 기적을 증언할 기회를 주심에 감사

154 유방암 수술을 받은 지 3년째

하나님, 너무 감사합니다.
유방암 수술 받은 지 3년째, 6개월마다 검사 받고 있습니다.
오늘도 주님께서 일하시고 치유의 기적 베풀어 주심을 믿고
결과를 확인하게 됨에 감사드립니다.
이제 1년 후에 와서 검사 받아보자고 합니다.
지금보다 더욱 주의 일하며, 주를 위해 살고
주님이 기뻐하시는 소외된 이웃들을 위해 살기 원합니다.
사역의 지경을 넓혀주시고, 서울대학병원을 축복해 주시고,
병원교회와 모든 환우에게 하늘의 은혜를 내려주시며,
저를 위해 기도하신 모든 분들을 축복하여 주옵소서.

155 그동안 한 일이 없습니다

최바울 목사입니다.
목사 안수 받은 지 1년이 되었습니다.
그동안 한 일이 없습니다. 그런데 위암 말기라고 합니다.
이미 주님께서 고쳐주신 줄 믿고

치유와 회복의 감사기도를 드립니다.
완쾌로 살아계신 주님께 영광 돌리기를 원합니다.
저를 만나주셨던 주님을 책으로 복음 증거하기 원하며,
사명 다하기를 기도합니다.
자녀들의 가정에 주님이 울타리가 되어 주시고,
방패와 산성이 되어 주소서.

156 너무나 상처가 많아 고생한 딸

저는 20년 전에 가볍게 뇌경색이 왔습니다.
지금은 신경과에 다니며 약을 먹고 있습니다.
오른쪽 뇌혈관 하나가 좁아져 있어서 아스피린을 먹습니다.
고지혈도 있어서 함께 2알을 먹고 있어요.
저는 오늘 한 주간의 특별기도회 기간 동안
교회의 환우들을 위해 집중적으로 기도하고 있습니다.
그리고 관계가 회복되지 않아 동생을 통해 소통하고 있는
큰 딸이 엄마에게 연락 주기를 기도합니다.
너무나 상처가 많아 고생한 딸…….
주님, 불쌍히 여겨주세요.

157 아내가 뇌하수체 선종이 치유되고

서울대학교병원 병원교회 40주년을 축하드리고,
지금까지 인도하신 하나님께 영광 올려드립니다.
환우들과 가족들,
찬양대와 교회에 봉사하시는 모든 이들이
은혜 받고, 치유 받고, 위로받는 축복의 통로가 되기를
간절히 바랍니다.
목사님의 앞으로의 사역에 복에 복을 더하시고
건강 주시기를 기도드립니다.
아내가 **뇌하수체 선종***이 치유되고,
중보기도와 반주로 봉사 잘할 수 있기를,
유나와 승훈이가 하나님의 자녀로 선한 영향력을 끼치고
학교생활 잘할 수 있기를 기도드립니다.

158 불안 속에 저를 가두지 아니하시고

하나님, 불안 속에 저를 가두지 아니하시고
온전한 믿음으로 주님 바라보게 하심을 감사합니다.
주께서 주신 말씀 안에서 변화되는 제가 되게 하시고
주의 올바른 길로 인도하여 주옵소서.
오늘 초음파 결과 아무 이상 없게 하시고,
저를 위로하고 다독여 주시니 감사합니다.
저는 주님의 것입니다.
모든 것을 주님 앞에 내려놓사오니
저를 주의 귀한 종으로 사용하여 주옵소서.
인간의 것 바라보지 않고,
욕심이나 집착으로 제 삶을 망가뜨리지 않고,
오직 주님만 바라보며 살아가게 하소서.
주가 나를 살리심을 믿고 의지합니다. 아멘.

159 병으로 작은 시련을 주셨지만, 새로운 삶

사랑의 주님,

치유할 수 있는 병으로 작은 시련을 주셨지만,

수술로 깨끗하게 고침받는 은혜를 주시니 감사합니다.

새로운 삶, 주님의 아들로 온전히 살게 하여 주옵소서.

주님께서 인도하시는 길을 감사함으로 따릅니다.

160 생명(生命)

하나님,

생명(生命)의 하나님이십니다.

생명(生命)은

살리라(生)는 하나님의 명령(命)입니다.

생명(生命)은

살으라(生)는 하나님의 명령(命)입니다.

06

애통함이
우리의 기도입니다

161 제 소원을 끝내 저버리시나이까

주여, 제 소원을 끝내 저버리시나이까.

그저 자식과 마지막으로 눈 마주치기를 원했을 뿐인데…….

소원했을 뿐인데…….

주여, 정우가 힘들어 하네요.

마음의 준비를 하라는 의사 선생님의 말씀.

도대체 뭘 준비하라는 건지…….

미운 놈, 엄마 얼굴도 제대로 못 보고

7월 14일 이후로 눈 마주친 적도,

목소리 마저도 기억에 없습니다.

주여, 이게 아버지의 뜻입니까.

모르겠습니다.

자식의 위태로움 앞에서 얼마나 더 담대해질 수 있는지…….

하나님께서도 주님이 십자가에 돌아가실 때

육신 어머니의 고통을 보셨을 터인데…….

어미의 아픔을 아실텐데…….

162   너무도 고통스러워하는 남편을 위해

주님, 1년 전 **골수이식*** 후
장으로 이식할 때 거부반응으로
혈변과 복통, 수면장애 등이 와서 다시 입원하였습니다.
너무도 고통스러워하는 남편을 위해 기도합니다.
입원기간 중 "이젠 준비하세요"라는 의사의 말도 들었지만,
지금까지 잘 버티고 감사한 마음으로 살아가고 있습니다.
매일 반복되는 혈변으로 매일 수혈 받고,
몰핀과 주렁주렁 매달린 약에 의지해 살아가고 있는데······.
오늘 주치의로부터 하늘이 무너지는 소리를 들었습니다.
8개월 동안 계속 되어온 혈변과 설사로 장 내시경을 해도
장 점막이 모두 허물어져 있어 조직검사할 조직조차 없고,
소생할 수 없을 것이라고요.
주님, 제 남편을 살려주세요.
힘들게 이식하고 1년여 동안 고생만 하다 데려가신다면
남편이 너무 불쌍합니다.
7살 된 작은 딸 아이는 아빠가 백혈병이 아닌
다리가 아파 입원한 줄 알고 있어요.

처음 입원할 때 다리를 절었습니다.
주님, 사랑하는 가족과 한 달만이라도 함께할 수 있도록
꺼져가는 등불의 바람막이가 되어 주세요.
힘든 길 주님과 언제나 함께한다는 생각을 가지고
이 세상 떠나는 날까지 고통 속에서도 즐거운 마음으로
하루하루 감사하며 살아갈 수 있는 여유로움을 주옵소서.

163   어린 생명, 힘들고 외로울 텐데

사랑 많으신 주님,
주님 주신 선물이 고통 가운데 있습니다.
주님 함께하셔서 수술은 잘 마쳤는데,
폐동맥 고혈압으로 호흡을 많이 힘들어 합니다.
어린 생명, 힘들고 외로울 텐데 주님께서 함께 하옵소서.
속히 치료하여 주옵소서.
주님의 때를 알지 못해 조급한 마음 생길 때가 있습니다.
나약함을 용서하시고 담대한 믿음 허락하소서.

164 코로 숨을 못 쉬고 있습니다

저는 응급실에 있습니다.
코에 **림프종***이 생기고 염증이 가득 차
한 달 반 동안이나 코로 숨을 못 쉬고 있습니다.
방사선 치료를 받던 중 열이 나 응급실에 있습니다.
코에 염증이 가득 차 옆으로 퍼져,
볼까지 염증이 가 있다고 합니다.
코가 빨리 뚫리도록 기도해 주세요.

165 뼈마디 마디에 관절염까지 와 있는

어린이병동 이우주입니다.
윌슨병*으로 세 번째 입원입니다.
뼈마디 마디에 관절염까지 와 있는 상태입니다.
하나님께서 불쌍히 여기셔서 하루속히 회복되어
학교도 다닐 수 있게 기도해 주세요.

166   봉한 상처가 아직까지 아물지 않고 있습니다

복잡한 심장병과 흉골에 구멍이 난 채 태어난

백일을 갓 넘긴 아기(나래)입니다.

두 달 전, 1차 심장 수술을 받고

소아 중환자실에 입원 중입니다.

아직까지 인공호흡기를 떼지 못하고 있습니다.

나래의 힘으로 호흡을 할 수 있도록 기도해 주세요.

심장 수술하고 봉한 상처가 아직까지 아물지 않고 있습니다.

상처가 하루속히 깨끗하게 아물도록 기도해 주세요.

간수치가 정상이 되어 엉덩이 짓무름이 낫고

새 살이 돋기를 기도해 주세요.

뻣뻣하게 굳은 관절이 정상적으로 회복되기를,

이 고난을 통해

우리에 대한 하나님의 뜻과 계획을 발견하며

순종함으로 하나님의 원하시는 바를

속히 이루어 드릴 수 있기를 기도해 주세요.

167 저는 할 수 있는 것이 아무것도 없습니다

아픔으로 슬퍼하는 영혼을 치료하는 의사가 되길 원합니다.
마음이 병들고 육체가 병들어
그저 병원과 세상에 의지할 수밖에 없는 영혼들을
치료로, 말씀으로, 기도로 주님 곁으로 인도하는
주님의 일꾼으로 쓰임 받고 싶습니다.
저는 할 수 있는 것이 아무것도 없습니다.
오직 하나님의 도우심과 역사하심으로 이룰 수 있습니다.
항상 하나님을 향해 서있겠습니다.
중보할 수 있는 인간이 되길 원합니다.
주님, 아파하는 모든 영혼을 지켜주세요.
저는 고등학교 1학년 이선우입니다.

168 자신을 자꾸 자해하려고 하는 병입니다

영아 엄마입니다.
우리 아이의 병은 자신을 자꾸 자해하려고 하는 병입니다.
하나님이 주신 귀한 몸,

소중히 생각하고 보존할 수 있도록 도와주옵소서.
우리 아이는 오늘도 묵묵히 와서 피아노만 치다 갑니다.
어느 한 곳에 집중할 수가 없어 주일예배 참석도 못합니다.
어리석고 부족한 것이 많은 우리 딸 빨리 낫게 도와주소서.

169 이 어려움 중에 부르짖을 때

하나님, 하나님의 자녀로 살게 해 주시고
이 어려움 중에 부르짖을 때 응답하여 주셔서
우리 아이에게 생명을 돌려주심을 감사합니다.
뇌의 손상으로 인하여 아이의 앞길이 알 수 없다고 합니다.
아들의 뇌 기능이 다시금 재생될 수 있도록 도와주세요.
의식을 회복할 수 있도록 도와주세요.
한 번밖에 없는 생애를 하나님을 찬양하며,
하나님의 자녀로 큰 일꾼이 될 수 있도록 일으켜 주옵소서.

170   남편이 기억상실증에 걸리고

교통사고로 인하여 남편이 기억상실증에 걸리고
오른쪽을 쓰지 못하게 되었습니다.
아직도 염증으로 인하여 고생하고 있습니다.
부디 하나님 함께하시어 속히 회복되기를 부탁드립니다.
주님을 일찍 만나지 못하고
믿지 못한 지난날을 회개합니다.
넓으신 마음으로 용서하시고
주님의 딸로 드리는 첫 번째 소원기도를 들어주십시오.
저는 주님과 함께하는 남편이 꼭 예전처럼
아빠로서, 남편으로서, 가장으로서의 역할을
다시 하리라 믿습니다.
하루빨리 남편이 예전의 모습으로 돌아와
저희 가족이 모두 주님의 집에 거하기를 간절히 소원합니다.
할머니와 생활하는 아이들도 주님의 인도로
엄마, 아빠를 편안하게 기다릴 수 있도록 도와주십시오.

171 스파링하는 권투선수처럼 단단하게 연단하여

우리 아들, 주님 눈동자처럼 보호하여 주소서.
고통 중에 목사님을 통해 주신 말씀을 기억합니다.
스파링하는 권투선수처럼 단단하게 연단하여 주시옵소서.
지금까지 바람처럼 방향 모르고 살던 저희 가족에게
주님의 예정하신 목적을 알려 주시옵소서.
예수님을 입술로만 알고 있던 아들들,
그리고 엄마인 저에게
주님이 얼마나 존귀한 분인지 알게 되는 기회를 허락하소서.
지금도 주님을 모르는 남편이 성도가 되게 하여 주시옵소서.
더 이상의 환난 없이 주님을 영접하게 하소서.
우리 가족 모두가 주님의 자식이 되어
진정한 나라에서 영원히 거하게 하소서.
천국백성 될 수 있는 은혜를 허락하소서.
주님을 뜨겁게 사랑하는 가족이 되게 하소서.

172 이 약 저 약을 쓰고 있지만

이곳에 인도하시어
예배하며 기도할 수 있도록 도우신 주님,
딸이 간질로 인하여
우울증과 신경과 치료를 받고 있습니다.
이 약 저 약을 쓰고 있지만, 회복이 늦습니다.
딸이 머리로만 하나님을 믿고 가슴으로 믿지를 않습니다.
뜨거운 마음으로 사모하는 기도를 할 수 있도록 도와주세요.
그 마음속에 성령께서 역사해 주세요.
기도 부탁드립니다.

173 가족의 품으로 다시 돌아올 수 있게

지난주 월요일 **뇌출혈***로 쓰러져 수술을 받았으나,
수술 후유증으로 혈관위축이 진행되고 있는
외과계 중환자실의 이나경을 위해 기도 부탁드립니다.
대학원 과정은 마쳐가고, 오는 16일 결혼 예정이었습니다.
건강하게 가족의 품으로 돌아올 수 있게 인도하여 주옵소서.

174 가슴 아픈 일이 참 많습니다

아픈 아이들이 더 이상은 아프지 않도록 기도해 주세요.
가슴 아픈 일이 참 많습니다. 항상 기도해 주세요.
백혈병인 아들 첫 **관해***를 기다립니다.
앞으로의 치료와 이식을 위해 기도해 주세요.
아직 할 일이 많고 젊은 정현이 치료가 잘되어
귀한 삶을 살도록 기도해 주세요.
입원한 지 45일이 되었어요.
결과가 나오지 않고 있어요. 좋은 소식 있기를 기다립니다.

175 활짝 웃는 아가 모습 보고 싶습니다

하나님! 처음으로 기도드립니다.
우리 아가 아영이가 아파서 중환자실에 있습니다.
오늘 처음 하나님을 가슴에 품고 알고자 합니다.
우리 아가 하나님께서 꼭 낫게 해 주세요.
기도해 주세요.
활짝 웃는 아가 모습 보고 싶습니다.

176 남편의 눈에 흐르는 눈물을 보았습니다

사랑하는 아버지, 내가 가장 좋아하는 아버지.
남편을 위하여 기도합니다.
간 수술은 무사히 마쳤으나,
고열과 숨쉬기가 어려워 중환자실에 있습니다.
폐암을 치료 중인데, 폐가 많이 손상된 듯합니다.
현재는 수면제로 재우고 인공호흡에 항생제 치료 중입니다.
어제 면회시간 남편의 눈에 흐르는 눈물을 보았습니다.
너무나 가슴이 아파 저도 모르게 눈물이 나왔습니다.
남편이 주님 만나
회개의 눈물을 흘렸다고 믿고 싶습니다.
불쌍한 아들, 사랑의 기적이 일어나게 해 주시길 바랍니다.

177 하루하루를 힘겹게 싸우고 있는 제 동생에게

참 좋으신 하나님 아버지, 이 아침 나를 깨우셔서
아버지 앞에 나와 기도드릴 수 있게 해 주심에 감사합니다.
마지막 치료 중으로 하루하루를 힘겹게 싸우고 있는

제 동생에게 주님의 의로우신 손으로 빛을 내리쬐어 주셔서
하루빨리 회복되게 하옵소서.
더불어 소아암으로 고통받는 친구들과 병동 환우들에게도
같은 은혜와 자비를 주시옵소서.

178 왼쪽 무릎 연골 수술을 할 예정입니다

주님, 감사합니다.
저는 4층 병동에 입원하고 있는 이시원 엄마 오집사입니다.
우리 아이는 펜싱선수 고2학년입니다.
운동하다가 다쳐서 왼쪽 무릎 연골 수술을 할 예정입니다.
우리 아이 마음에 두려움 없이 강하고 담대함 주시고,
주님 더욱 믿고 의지하는 주님의 기쁨이 되게 하옵소서.
모든 분들이 피곤치 않게 주님 붙들어 주시고,
주님의 지혜와 힘과 건강과 능력과 명철을 더하여 주옵소서.
처음부터 끝까지 주님 함께하실 줄을 믿습니다.

179 그 속이 얼마나 아프고 고통스러울까

초아 엄마입니다. 이른 시간 기도를 드리러 나왔습니다.

20여일 전, 췌장 수술을 하였으나 회복이 되지 않고

출혈과 장기가 손상되어 오늘 재수술을 합니다.

지난 수술보다 더 힘든 수술이 되겠지요?

소량 보이던 혈변이 간밤에는 혈액이 쏟아지듯 했습니다.

뱃속이 엉망이 되었을 텐데,

얼마나 아프고 고통스러울까

대신하지 못하는 맘이 너무 아픕니다.

단단한 각오로 수술장에 들여 보내리라 결심해 보지만,

잘될까 자신이 없습니다.

그저 무사하길…….

더한 일이 생기지 않길 간절히 기도합니다.

180 아빠 안에 감추어진 병들이 회복되기를……

이곳에서 하나님 찾고 만날 수 있게 인도해 주시니 감사,
마음에 있는 욕심 내려놓을 수 있게 도우시니 감사합니다.
저의 부족함과 분노, 원망 등
다 아심에도 불구하고
하나님 앞에 나아올 수 있게 도우시니 더욱 감사합니다.
아직 하나님 믿지 않는 아빠를 사랑하지 못함을 고백합니다.
매일 술과 담배로 살아가시는 아빠, 저는 할 말이 없습니다.
아빠의 건강을 위해 좀 줄여달라고 부탁하는 것 이외에는요.
현재 겉으로 드러나 있지 않지만,
아빠 안에 감추어진 병들이 회복되기를…….
얼마 전, 엄마에게 제가 잘 대해드리지 못했습니다.
마음이 불편합니다. 엄마가 원망스럽기도 합니다.
아이같이 여겨지기도 합니다. 엄마 마음도 어루만져 주세요.
부모님이 부족해 보일 때에도 품을 수 있기를 소망합니다.
내 힘으로가 아니라, 주님의 마음으로, 사랑으로…….

181 다시 깨어날 수 있게 기도해 주세요

사랑하는 동생의 **뇌종양***이 전이되어 중환자실에 있습니다.
하나님께서 생명 주시어 다시 깨어날 수 있게 기도해 주세요.
하나님의 손길이 동생을 어루만져 주시어
온 몸에 있는 암세포들이 깨끗하게 씻겨지게 하소서.
이러한 고난을 통해 동생의 앞날에
크나큰 축복과 은혜가 더해지기를 간절히 원하옵니다.
하나님 저희와 함께하여 주옵소서.
저희를 지켜주셔서 감사합니다.

182 심장에 맑은 피를 주시고

하나님, 감사합니다.
사랑하는 남편, 병으로부터 지켜주소서.
치유의 능력을 믿사옵니다.
남편 이승한의 심장에 맑은 피를 주시고,
죄 많은 저를 용서해 주세요. 겸허히 살겠습니다.
건강한 삶 다시 허락해 주시기를 간구하오며,

완벽하게 건강을 회복시켜 주세요.
아이들을 위하여, 저를 위하여, 불쌍한 저희를 위하여
건강을 회복시켜 주세요.

183 그 아이의 고통을 보며

이하얀 어린이를 위하여 기도 부탁드립니다.
그 아이의 고통을 보며, 예수님의 마음을 느낍니다.
병명도 알지 못하고 뇌손상을 입고 경기와 폐렴으로
의식도 없이 끊임없는 가래와 호흡곤란으로 고통 당하는
하얀에게 주님의 평안과 치료의 손길이 임하시기를
간절히 기도합니다.
그 가족은 소망도 없이 낙심하고 있습니다.
주님, 주님도 질병으로 고통 당하는 백성을 보며
애통하시고 질병을 꾸짖으셨습니다.
그 꾸짖으심이 하얀이를 괴롭히는 질병에게 임하여
고통에서 해방케 하소서.
환한 웃음이 그 가정에 임하길 기대하며 기도 부탁드립니다.

184 영혼이 맑고 순수한 13살 현이를

주님의 아들 현이가 중환자실에서 생사의 기로에 서 있어요.
어젯밤 혈액투석도 했는데 소변이 나오질 않아
몸이 퉁퉁 붓고 여러 가지 합병증에 **패혈증***까지 왔어요.
죽은 자도 살리신 주여!
재현이의 손을 붙잡아 주시고 성령의 불, 생명의 불을
재현이의 몸속에 불어넣어 주실 줄 믿습니다.
영혼이 맑고 순수한 13살 현이를 치유의 하나님께서
일으켜 세워 주옵소서.
생명의 끈을 연장시켜 주옵소서.

185 포기라는 말을 하고 너무 아파하세요

늘 저와 저희 가족을 위해서 중보해 주시는 주님,
저희 엄마가 위암치료를 끝낸지 몇 년이 지나지 않아
폐암으로 치료 중에 있습니다.
12차까지 치료했지만 더 이상 약이 맞질 않아
내성이 생겨버린 약 대신 신약치료를 해야 하는데,

지금 엄마가 너무 힘들어 합니다.

포기라는 말을 하고 너무 아파하세요.

외롭고 괴로우니 저를 기억하시고

저와 어머니를 긍휼히 여기시어 보살펴 주시옵소서.

희망을, 소망을 갖게 하시고

모든 상황 속에서 늘 감사하게 하옵소서.

기도의 힘이 지금 엄마에게 가장 큰 용기가 됩니다. 주님.

186 현실을 바라보면 무섭고, 떨리고

하나님, 아시지요?

우리 아들 예준이, 오늘 뇌수술을 받습니다.

현실을 바라보면 무섭고, 떨리고 괴로움이 엄습하지만,

저 하늘 위, 평안으로 바라보시는

하나님의 위로를 사모합니다. 지켜주세요.

예준이의 언어를 회복시키시고 불안한 마음 붙잡아 주세요.

치유의 역사를 간절히 바랍니다.

187 처음으로 글을 씁니다

처음으로 글을 씁니다.
하나님, 저희 가족이 화목하게 해 주시옵소서.
저희 남편이 다리가 아파 병원에 왔습니다.
모든 것을 저의 탓으로 돌리겠습니다.
완쾌되어 한 가정의 가장으로 일하게 해 주옵소서.
아이들도 아빠에게
잘 해드리려는 마음을 갖도록 도와주소서.
마음으로 기도드리겠습니다.

188 제가 많이 많이 사랑한다고 전해주세요

제 아내가 아직도 중환자실에서 깨어나질 못합니다.
무사히 깨어나서 병도 완치되고 퇴원하면 좋겠습니다.
목사님, 아내가 무사히 퇴원할 수 있도록 기도 부탁드려요.
그리고 제가 많이 많이 사랑한다고 병실심방 때 전해주세요.
감사합니다.

189   힘들 때만 찾게 되어서 죄송합니다

하나님, 힘들 때만 찾게 되어서 죄송합니다.
잘 살고 아무 일 없을 때는 잊고 살다가
힘들 때만 찾게 되는 자녀를 용서해 주세요.
어제 목사님의 기도로 엄마의 수술이 잘 되었습니다.
예수님 안에서 편안하게 수술 받게 해 주심에 감사드립니다.
매주일마다 찾아뵙지 못하겠지만,
항상 마음 안에서 하나님을 섬기며 살아가겠습니다.

190   아팠던 흔적들 시간이 지나면 다 흐려지게 하시고

하나님, 한솔이가 이식한 지 1년이 지났습니다.
그동안 아팠던 흔적들 시간이 지나면 다 흐려지게 하시고
다시는 아프지 않게 건강 회복할 수 있도록 도와주세요.
남편이 조혈모세포 기증자로 등록했습니다.
일치자가 나타나서 하나님의 은혜가 흘러가게 해 주세요.
온가족이 하나님 앞에 다시 서게 해 주셔서 감사합니다.

191   아이의 고통이 얼마나 큰지 가늠할 수 없기에

오늘은 퇴원 예정일입니다.
그런데 무엇이 문제인지 하루 종일 연락이 없네요.
우리 아이의 건강에 아무 문제가 없기를…….
그래서 남은 항암 치료와 방사선 치료를 잘 받게 해 주세요.
우리 수현의 항암치료를
단 1회로 끝내주시기를 기도합니다.
아이의 고통이 얼마나 큰지 그 크기를 가늠할 수 없기에
무섭고 두렵습니다.
우리를 지켜주세요. 용기와 희망 힘을 주세요.
병의 긴 터널을 무사히 뚫고 나갈 수 있도록
빛과 희망으로 우리를 인도해 주세요.

192   전신마취 수술이 처음이라 많이 떨리고

내일 왼쪽 신장 종양제거 수술을 합니다.
전신마취 수술이 처음이라 많이 떨리고 걱정됩니다.

예수님의 생명을 경험하는 복된 시간 되게 해 주시고,
내주하시는 주님을 실제적으로 깨닫고
모든 수술 과정과 회복과정에서
주님을 붙잡고 이겨 나가게 해 주세요.
수술 후 투석하지 않았으면 좋겠습니다.

193   이번에 바꾼 항암제 외는 다른 약이 없습니다

주님, 남편 췌장암 수술 2년 3개월 후
간과 폐에 작은 물체가 보여서 고주파 시술을 했습니다.
지금 항생제에 내성이 생겨서 4번째 약을 바꿨습니다.
이번에 바꾼 항암제 외에 다른 약이 없습니다.
하나님께서 기적을 주실 것을 믿습니다.
꼭 살려 주셔서 주님 전하는 일꾼 삼으소서.
우리 남편을 불쌍히 보시고
주님 일꾼 삼으시길 기도합니다.
항암하는 지금도 기도 잘하는 남편입니다.

194 암이 더 퍼질까 두렵습니다

위암 투병 중인 남편에게
간농양이 3번째 재발하여 위기를 겪고 있습니다.
이젠 항암약도 쓸 약이 없답니다.
간농양으로 항암치료를 못하게 되어 더 퍼질까 두렵습니다.
무엇보다 자꾸 고비가 찾아와
하나님께 실망하게 되어
기도할 힘조차 잃고 있습니다.
제발 간농양 치료도 잘되고
암도 더 퍼지지 않고
낫게 해 주시길 기도 부탁드립니다.
살게 하시는 분이 하나님이심을 믿습니다.

07

약속 믿음이
우리의 기도입니다

195   제 상태는 슬픔이었지 절망은 아니었습니다

외래 다녀갑니다.

여러 가지 사정상(환자의 상태와 여러 가지를 배려해 주심)
한 달 후 재입원하기로 했습니다.

10%의 완치률과 3-6개월 사이에 거의 100% 재발한다는
거의 희망이 없는 상태지만, 수술밖에 방법이 없으니
이런 무소망인 상태에서도 수술을 해야 합니다.

또한 수술하려고 절개했다가 그냥 닫을 수 있다는
의사 선생님의 설명을 듣고 많이 슬펐습니다.

그러나 제 상태는 슬픔이었지 절망은 아니었습니다.

하나님께서 저를 너무나 사랑하신다는 것과
반드시 고쳐주시리라는 확신,
그리고 '양성'이라는 믿음이 들었습니다.

아직 호로몬 검사 결과가 나오지 않았지만,
도우시는 하나님, 인도하시는 하나님, 치료하시는 하나님.
'양성'일 것이라는 믿음을 가지고 하나님께 맡기고
고향 집에 다녀오겠습니다.

목사님, 그동안 감사했습니다. 또 뵙겠습니다.

196 천사같은 아이가 대신 고통을 당하는 것 같아

하나님이 주신 큰 선물 어린 원석(15개월)이가
지금 2주째 중환자실에서 병과 싸우고 있습니다.
폐가 많이 안 좋아서 인공호흡기의 도움 없이는
현재 숨을 쉴 수가 없습니다.
주님을 제대로 섬기지 못한 부족한 부모 때문에
천사같은 아이가 대신 고통을 당하는 것 같아
너무 마음이 아픕니다.
그래서 부족하지만 새벽시간 반주로, 금식기도로
열심히 하나님께 부르짖고 있으니 많은 기도 부탁드립니다.
대학시절했던 반주여서 지금은 생각처럼 잘되지 않으니
더 은혜로운 반주가 될 수 있도록 많은 기도 부탁드립니다.
주님, 저의 이 모든 것들이 주님과의 막힌 담을 허물 수 있는
지름길이 되게 하옵소서.
삼손에게 주셨던 것처럼 저에게도 한 번만 기회를 주소서.
하나님이 주신 원석이, 우석이를
주님 전하는 큰 사람, 큰 그릇으로 키울 수 있도록
기도와 찬양과 말씀 안에서

주님의 큰 사랑 실천하는 아이로 키울 수 있는 기회를
저에게 한 번만 주소서.

197 우리 아이의 경련이 멈추고

사랑하는 아들이 16일째 경련과 **뇌염*** 증상으로 병상에서
의식이 없는 채로 싸우고 있습니다.
오직 하나님께서만이 우리 아이를 일으켜 주실 수 있습니다.
하나님, 우리 아이의 경련이 멈추고 보혈의 능력으로
깨끗이 치유될 수 있도록 인도해 주세요. 아멘.

198 재생불능성 빈혈로 인하여

재생불능성 빈혈*로 입원 중입니다.
3월 말, 주사요법으로 치료 받고 퇴원하여
생활 중에 부작용으로 열이 나고,
메스꺼움이 잦아 다시 입원했습니다.
많이 나아서 퇴원이 될 것 같으니 다시 입원하지 않도록,
깨끗이 완치될 수 있도록 은혜를 주옵소서.

199 몸이 치유 받기를 진정으로 원하지만

병원에 오는 이들의 몸이 치유 받기를 진정으로 원하지만,
그보다도 더욱 그 영혼이 구원 받기를 원합니다.
살리시는 주님을 찬양합니다.
기다립니다.
모든 소망의 본체이신 주님, 우리를 붙들어 주세요.
병원교회에서 드리는 기도 가운데
한 사람 한 사람을 만나주실 주님을 기다립니다.
하나님, 고맙습니다. 사랑합니다.

200 희귀 난치성 병으로 거동을 못하고

희귀 난치성 병으로 거동을 못하고,
합병증으로 인하여 중환자실에 있습니다.
제 딸 아이의 모든 육신에
하나님의 생명의 기도가 이루어지도록 기도해 주세요.

201 다른 장애가 우려되어 다 제거하지 못하고

하나님의 사랑에 감사드립니다.

하나하나 응답해 주시고,

그 어느 것 하나 주의 손길 안 미친 것 없습니다.

지금까지 역사해 주신 하나님,

오늘 놀라운 기적의 역사를 바라보며 감사 또 감사드립니다.

수요일 12시부터 제 2차 항암치료 시작합니다.

뇌종양 수술을 받았습니다.

다른 장애가 우려되어 다 제거하지 못하고 남아있는 부분은

하나님께서 완치시켜 주시리라 믿고 간절히 기도합니다.

주님의 역사와 기적을 바라보는 그러한 상황입니다.

재발되어 커지지 않도록, 다시는 재수술하지 않도록

기도 부탁드립니다.

주님께서만 치료하시는 병입니다.

주님의 능력과 치료하심을 믿습니다.

202 여기까지 온 것

하나님, 감사합니다.
여기까지 온 것 주님의 은혜입니다.
오늘 담도 넓히는 시술을 합니다.
오늘 시술을 끝으로 더 감사할 수 있게 하소서.

203 엄마인 제가 이겨낼 수 있도록

7세 박다빈, 담도폐쇄 수술 후 6년만에 처음 입원했습니다.
그동안 아니, 지금도 지켜주시는 주님께 감사드려요.
엄마인 제가 이겨낼 수 있도록 더욱 담대한 믿음과
주님이 치료하실 것이라는 확신이 차고 넘치게 하시고,
담관에 생긴 염증, 간경화가 생긴 부분이
깨끗하게 치료되길 기도해 주세요.
저에게 평생의 기도 제목을 주셔서
주님 곁에 있게 하심을 감사드려요.
사랑합니다.

204   더욱 절실히 기도할 수 있기를

여자 아이 4세 신서연입니다.

병명은 뇌종양입니다.

현재 어린이병원 소아 중환자실에 있습니다.

응급수술과 9시간의 종양제거 수술을 받았습니다.

아직 조직검사 결과는 나오지 않은 상태인데,

좋은 결과 있을 수 있게 기도해 주세요.

하나님께서 서연이를 통하여 분명 무언가를 하십니다.

오늘 병원에 있는 가족들이

이곳에 모여 가족예배를 드리고

내일부터 이곳에 와서 주일성수를 하려고 합니다.

모든 가족들이 서연이의 완치를 위해

더욱 절실히 기도할 수 있기를 원합니다.

서연이가 하나님을 의지하며, 놀랍도록 잘 회복하고 있어요.

하나님께서 늘 함께하셔서

빠른 시일 내에 깨끗이 회복되고

하나님께 기쁨되는 예쁜 아이로

성장하도록 기도해 주세요.

205 모든 부정적인 생각들은 다 내려놓고

주님, CT 검사를 위해 병원에 왔습니다.
뼈 스캔을 비롯해 앞으로 해야 할 검사가 많이 있습니다.
검사과정 중에 두려운 마음 없애주시고
담대한 마음으로, 주님이 지켜주신다는 확신으로
과정 과정마다 힘을 주시고 용기를 주세요.
모든 부정적인 생각들은 다 내려놓고,
살아있음에 감사함으로 기도하게 해 주세요.
앞으로 치료 과정 중에
얼마나 많은 힘이 들까 생각하지만,
내일 일은 내일 걱정하고
오늘은 행복한 마음으로 살겠어요.
주님 저를 지켜주시고, 더욱더 저의 질병으로 인하여
믿음이 굳건해지길 기도합니다.
가정을 지켜주세요.
주님께서 저를 사랑해 주셔서 지켜주시리라 확신합니다.

206 약물치료를 하고 있는데, 정말 힘들다고 합니다

하나님, 엄마가 간이식 후 폐, 골반에 암이 전이되었습니다.
골반에 10번의 방사선치료와 3차의 항암치료를 받았습니다.
골반에는 암이 더 이상 커지지 않게 해 주심에 감사합니다.
백혈구와 혈소판 수치가 부족하여 항암치료를 받지 못하고
현재 약물치료를 하고 있는데,
정말 힘들다고 합니다.
하지만 화요일보다 수요일, 목요일
조금씩 좋아지게 하심에 감사드립니다.
지난번 항암제는 신장에 무리를 줄 수 있다고 하였으나,
주님께서 지켜주셔서 아무런 문제 없이 잘 견뎠습니다.
이번 항암제는 심장에 무리를 줄 수 있다고 하나,
주님의 은총으로 보살펴 주실 것을 믿습니다.
우리 엄마에게 치료의 하나님이 되어 주실 것을 믿습니다.

207 남은 생애 행복만으로 살아갈 수 있게

자비로우신 하나님,
어머니의 수술이 성공적으로 마치게 된 것을 감사드립니다.
앞으로 남은 항암치료도 주님께서 사랑으로 돌보아 주시어
아프지 않게 완쾌되기를 바랍니다.
인생에 주어진 고난을 주님께서 지혜를 주시어
슬기롭게 헤쳐 나갈 수 있기를 바랍니다.
시련에도 굴하지 않는 용기와 현명하게 살 지혜를 주옵소서.
어머니는 외로운 사람입니다.
주님께서 따뜻한 사랑으로 어머니 곁에 머물러 주시어
남은 생애 행복만으로 살아갈 수 있게 해 주옵소서.

208 예후가 어려운 암이라는데

지금까지 인도해 주신 주님, 감사드립니다.
어제 복잡한 조직검사와 수술을 잘 마쳤습니다.
주님, 회복하는 과정에도 함께해 주셔서 쾌유하게 하시고,
일주일 후에 나오는 결과에도 주님께서 주장하여 주옵소서.
현재 상태로는 육종이라는 암 같다고 합니다.
예후가 어려운 암이라는데,
약하신 엄마가 어떻게 이겨낼 수 있을지 걱정이 앞섭니다.
식구들 담대하게 무장하게 하시고,
엄마에게 꼭 이겨내겠다는 마음과
주님께서 고쳐 주시리라는 굳은 믿음을 주옵소서.

209   눈물을 흘리며 기도를 했었는지 기억하시죠?

하나님, 5개월 제가 우리 아버지를 위해 여기 병원교회에서
얼마나 눈물을 흘리며 기도를 했었는지 기억하시죠?
결국 아빠는 돌아가셨지만, 하늘나라에서 정말 편히,
행복하게 계시리라 믿습니다.
하나님, 이곳을 찾는 많은 이들을 사랑으로 살펴주옵소서.
그동안 나태했던 제 믿음 생활, 다시 돌이켜 보고 반성하며
최선을 다하여 신앙생활하겠습니다.
가족이 아파서 낙심하는 모든 사람에게 복 내려주세요.
3년만에 병원교회를 다시 찾아 기도 남기고 갑니다.

210   갑자기 무서움과 두려움이 밀려올 때

하나님, 병원교회가 있어 얼마나 감사한지요.
힘들고, 견디기 어렵고,
갑자기 무서움과 두려움이 밀려올 때
이곳에서 아버지께 마음껏 이야기할 수 있으니
참으로 감사합니다.

이 문 나설 땐 마음 가득 평안함과 위로 받고 나갑니다.
환난과 고난 중에 즐거워할 수 있는
믿음 갖게 해 주셔서 감사합니다.
당신의 자녀 됨이 자랑스럽고 너무나 가슴 벅차옵니다.
당신이 나의 아버지이시기에 너무나 행복합니다.

211 저의 병은 세상 사람들이 잘 알지 못하는 병이라

하나님, 제가 몹쓸 몸을 이끌고 지난주부터
다시 교회에 나옵니다.
저의 병은 세상 사람들이 잘 알지 못하는 병이라
정신적으로 너무 힘듭니다.
그래도 하나님을 의지하며 열심히 살 수 있게 도와주세요.
세상 사람들이 저를 싫어하지만,
하나님만은 저를 감싸주실 것을 믿습니다.
어쩌다 이곳 정신과 병동에 오게 되었지만,
기도할 수 있는 것을 감사드립니다.
다른 환자분들 몸 상한 곳 없이 건강하게 살게 해 주세요.

212 무릎을 꿇고 간절히 기도했습니다

저의 사랑하는 장인께서는 2년 전 위암수술 후 재발하여
식도와 뱃속의 많은 장기를 절제하고,
식도와 대장을 잇는 18시간의 대수술을 다시 받았습니다.
수술 후 3개월간 거의 드시지를 못하다보니
체중이 42kg도 되지 않는 마른 몸이 되었습니다.
그리고 면역저하로 항암치료를 다시 해야 하지만,
당뇨 합병증과 패혈증성 쇼크와 폐렴, 곰팡이 감염으로
혈압이 떨어지고 신장 기능이 떨어져 사경을 헤매다
응급 중환자실에 입원하였습니다.
어제 면회를 하며 형제들이 손을 잡고 '예수의 이름으로
나는 일어서리라 주가 주신 능력으로 나는 일어나리라'
의식 없이 인공호흡 중인 장인 앞에서 이 찬양을 했습니다.
찬양을 부르고 마른 뼈가 되신 아버님의 몸에
생기가 임하시기를 기도했습니다.
그런데 통성으로 눈물 흘리며 기도한 후
75/55 정도도 안되던 혈압이 120/80으로 정상화되고,
막힌 소변이 잘 나오는 은혜를 경험했습니다.

함께 기도하던 큰 처남은 무릎을 꿇고 간절히 기도했습니다.
오늘 주일 새벽, 주님이 저와 저희 아버님과
여러 환우들과 그 가족들에게 말씀하십니다.
"내가 생기로 너희에게 들어가게 하리니 너희가 살리라!"

213 위험 중에도 다급해 하지 않고

이 새벽, 이 자리에 올 수 있는 영광을 주신 아버지여,
감사합니다.
부푼 동맥이 7.6cm라고 합니다.
위험 중에도 응급실에서나, 병실에서나 다급해 하지 않고
평안 중에 수술 날짜를 잡게 해 주셔서 감사합니다.
벌써 네 번째 수술이라 많이 어렵고 힘들지만,
저와 함께 계셔 마음이 평안합니다.
주님 주시는 모든 것을
감사로 받는 마음 잊지 않게 하소서.

214 병중에도 고통스럽지 않게

주님의 아들 수현이를 지금까지 보살피고 지켜주셨습니다.
병중에도 고통스럽지 않게 마음과 몸에 평안을 주셨습니다.
저희는 알 수 없는 모든 비밀과 능력을 가지신 나의 주님!
주님을 믿고 의지하는 것만으로 너무나 감사합니다.
주님의 뜻과 방법과 시간 속에서
평안함으로 기다리게 해 주심을 감사드립니다.
이 아침 예배드릴 수 있음을 감사드립니다.
주님, 오늘도 주님과 동행하길 원합니다.

215 더 이상 병원 찾는 일 없도록

주님, 제 여동생이 어제 갑상선 암 수술을 받았습니다.
4년 전, 난소암 수술도 했습니다. 너무 가엾습니다.
더 이상 병원 찾는 일 없도록 강건케 해 주시고
두려움과 걱정은 주님께서 맡아주시고
건강한 모습으로 변화시켜 주세요.
모든 계획 순조롭게 진행시켜 주신 주님, 감사합니다.

216 희귀 난치병으로 병원에서 일 년여 동안

하나님, 감사합니다.
희귀 난치병으로 병원에서 일 년여 동안 입원해 있었습니다.
어머니의 권유로 병원교회를 다니기 시작해
신앙생활을 하게 되었습니다.
스스로 아무것도 할 수 없고, 움직일 수도 없었던 제 몸이
하나님의 보살핌으로 병원을 퇴원한 지 2년이 지난 지금,
아주 건강히 잘 지내고 있습니다.
지금은 회사도 다니고 곧 결혼도 하게 됩니다.
병으로 슬퍼하고 힘들어 하는 모든 환우들께서도
열심히 기도하고 항상 믿음 가지면 나으실 것으로 믿습니다.
자주 들러 기도해 주시던 목사님, 감사합니다.

217 오늘이 마지막 기도의 글인 것 같습니다

오늘이 마지막 기도의 글인 것 같습니다.

8개월 동안 백혈병으로 고통 후 이식을 받았습니다.

갑자기 폐가 나빠져

중환자실에 온지도 한 달이 넘어 5주째,

이제 주님의 품으로 갈 것 같습니다.

아직 피지도 못한 꽃다운 19세 김시연.

이제는 더 편한 곳 주님의 나라에서 아프지 않기를.

육신의 부모는 헤어짐이 아프지만,

그가 하지 못한 주님의 영광을 위해

더 열심히 살아야 할 것 같습니다.

가까스로 숨쉬고 있는 아이의 마지막 길이 편했으면 합니다.

함께 기도해 주신 여러분께 감사드리고,

더 좋은 소식이, 희망이 많은 성도님들께 있었으면 합니다.

열심히 들락거리며 주님을 만나게 해 주신

병원교회에 감사드립니다.

시연이가 가는 그 길에 주님이 손잡고 가시겠지요.

기도해 주세요.

08

안타까움이
우리의 기도입니다

218   갑자기 의식을 잃고 지금 회복 중에 있습니다

주님, 진심으로 감사드립니다.

11층에 이연숙, 뇌종양으로 입원 중에 있습니다.

수술은 잘 끝났지만, 항암치료를 받는 중에

13일 오후부터 갑자기 의식을 잃고 지금 회복 중에 있습니다.

주님, 우리 언니의 건강을 지켜주시고

의식이 조금씩 돌아오고 있으니 우리 주님 지켜주시옵소서.

또한 어떠한 방법으로든 치료가 잘 끝나게 해 주세요.

혹시라도 재발이 된 것은 절대로 아니길 기도드립니다.

우리 주님이 항상 함께하시길 기도드립니다.

219   바이러스 감염 때문에

8세 은주, 바이러스 감염 때문에 의식불명으로 입원했어요.

경기가 멈추지 않아 인공호흡기를 달고 있어

너무나 안타깝습니다.

모두 하나님께 맡기고 있습니다.

하나님, 회복될 줄 믿고 기도합니다. 도와주세요.

220 장미가 태어난 지 50일째 되었습니다

어린이 중환자실 장미가 태어난 지 50일째 되었습니다.
선천성 심장병으로 2번의 수술을 했습니다.
모든 수치가 정상으로 돌아오고 합병증이 없이
무사히 일어날 수 있도록 기도해 주시고 하나님 도와주세요.

221 그 소원 이루지 못한 채 기도를 마치려고 합니다

벌써 두 달이 다 가도록 아무런 진전도, 아무런 결과도 없이
이렇게 병원 응급 중환자실에서 멍하니 하루를 보내고,
또 하루를 보내고 있습니다.
도대체 무엇 때문에 이유 없이
이렇게 지내야만 하는지 알고 싶고, 묻고 싶습니다.
하나님, 소원을 빌면 그 뜻이 이루어진다고 하였는데,
저는 그 소원 이루지 못한 채 기도를 마치려고 합니다.
부디 오늘 하루 이 세상 모든 이들이
하나님의 축복과 영광 속에서 잘 지낼 수 있길 기도합니다.

222   너무도 많은 질병이 남편 몸 안에

하나님, 그동안 남편을 위하여 기도하지 않았습니다.
저를 그동안 너무 힘들게 했다는 생각 때문이었습니다.
그런데 너무도 많은 질병이 남편 몸 안에 생겼습니다.
하나님, 이제 남편을 주님처럼 모시고,
열심히 남편을 위해 기도하고 믿어 본이 되도록 하겠습니다.
하나님께서 남편이 깨끗하게 치료받을 수 있도록
기적을 주실 줄을 믿습니다.

223   제가 감당해야 할 짐으로

무심하고 부주의한 의료진들,
점점 더 쇠약해지시는 어머니,
제가 감당해야 할 짐으로 마음이 황폐해졌고 무겁습니다.
상황의 부당함에 대해 분노하기보다는
온유한 마음으로 잘 대처해 나가게 하옵소서.
지혜를 구하오니 인도해 주옵소서.

224 심장보다 더 가까이에서

선우 자매가 위암 2기랍니다. 아직 신혼인데,
아기도 갖고 그래야 하는데…….
그래도 일찍 발견하게 해 주셔서 감사해요.
어려운 이때가 하나님과 가까워지는 귀한 시간될 수 있게
선우 자매의 심장보다 더 가까이에서 늘 지켜주옵소서.

225 더 믿음을 요구하시는 것 같습니다

치과병동에 있던 환자 보호자입니다.
지난 며칠 동안 응급실 중환자실에 계시다가
오늘 다시 치과 병동으로 옮기게 됩니다.
기도해 주셔서 감사합니다.
하나님께서 어머님에게 더 믿음을 요구하시는 것 같습니다.
꼭 큰 믿음으로 완쾌되어서 퇴원하실 수 있도록,
이 기회에 믿지 않는 아버지, 두 남동생 모두
주님께 돌아올 수 있도록 기도해 주세요.

226   삶이 거칠어지지 않고 평안할 수 있도록

현대의학으로 어쩔 수 없는 이들을
주님의 손길로 도와주시고 고쳐주세요.
주님이 함께하심을 믿고
삶이 거칠어지지 않고 평안할 수 있도록 도와주세요.
제 지병으로 이곳에 다니지만,
이곳에서, 이 글을 쓸 수 있게 해 주심을 감사합니다.
주님 사랑 느끼고, 전할 수 있도록 저를 새롭게 해 주세요.
좋을 때 주님을 더 찾는 자가 되도록 축복해 주세요.
그리고 가슴 아픈 이들을 도와주옵소서.
기도할 수 있어서 감사합니다.

227   아들도 잃고, 유방도 잃었습니다

아들도 잃고, 유방도 잃었습니다.
그래도 주님을 사랑하고자 합니다.
주님께서 동행하시고 주님의 승리가 되게 하소서.
한 번 생의 마감은 정한 이치요 고통의 날 되지 않게 하소서.

228   다시금 걷고, 드시고, 말할 수 있기를

5년이라는 시간이 지났습니다.

지금껏 산 것도 모두 주님 은혜라는 것을 믿습니다.

주님의 뜻을 알지 못하지만,

부디 아빠에게 치료의 기적을 보여주세요.

다시금 걷고, 드시고, 말할 수 있기를 소망합니다.

제가 하나님보다 아빠를 더 사랑하는 마음 때문에

아빠를 고쳐 주시지 않으시는 걸까요?

지치지 않는 믿음,

지치지 않는 몸,

지치지 않는 마음,

원망하지 않는 마음,

미워하지 않는 마음,

의심하지 않는 마음,

감사한 마음으로 살아가게 하옵소서.

229 하루하루 지쳐가는 어린 아이들을

병동 어린이들을 위하여 기도합니다.
백혈병* 과 **소아암*** 으로,
힘든 약물치료 부작용과 암세포와의 싸움으로
하루하루 지쳐가는 어린 아이들을 긍휼히 여기소서.
그들을 지으시고 축복 누리라고 하셨음을 믿사오니,
죄사함과 병 나음, 은혜와 축복을 아이들에게 내려주소서.
질병에 쓰러지고 그 가정이 비탄에 빠져 좌절하지 않도록,
우리를 사랑하시는 하나님 치유하여 주소서.
우리 생명이신 예수님의 이름으로 기도합니다. 아멘.

230 소변이 잘 나와야 하고

급성 **신부전증*** 으로 치료 중입니다. 소변이 잘 나와야 하고
폐에 물이 차지 않아야 폐렴을 예방할 수 있습니다.
소변 잘 볼 수 있도록, 급성 신부전증이 잘 치료될 수 있도록
기도 부탁드립니다.

231 너무나 험난하고 힘이 들어요

이제 1주일이 지났는데, 또 뱃속 혈관이 터지고,
지금 마취하고 또 혈관을 찾아 그것을 지혈시켜야 합니다.
하나님, 출혈이 되지 않아야 해요.
그래서 좀 안정된 후에 췌장 복원을 해서
소장과 잇는 수술도 다시 해야 하는데,
그곳까지 가기가 너무나 험난하고 힘이 들어요.
시술 처음부터 선희가 깨는 순간까지,
또 그 순간부터 영원토록 지켜주세요.

232 태어난 지 한 달 남짓 된 믿음이

태어난 지 한 달 남짓 된 신생아 중환자실에 입원해 있는
믿음이라는 아이가 있습니다.
1.2kg도 안되는 작은 체구의 아이인데,
이번에 심장병 수술을 받았습니다.
아이가 믿음으로 커갈 수 있도록, 믿음 안에서 자라서
주님의 일에 쓰일 귀한 아이가 될 수 있게 기도해 주세요.

— 참빛교회 교회학교 일동

233 처음에는 믿을 수 없고 당황스러웠습니다

주님, 감사합니다.
병원교회 목사님께서 오전 면회 시간에 방문하셨습니다.
다른 사람은 느끼지 못하지만, 함께 기도하기 위해
엄마가 눈을 감으신 것을 저는 느낄 수 있었습니다.
그 기도로 큰 힘 얻었습니다.
주님의 보살핌으로 조금씩 나아지심을 느낄 수 있습니다.
엄마가 완치되어 많은 일을 다시 하실 수 있기를 바랍니다.
저에게 생각지도 못한 병이 있다는 것을 알았습니다.
예전에는 불치병이라 거의 사망한다고 했지만,
지금은 평생 약을 먹으면 90%는 산다고 합니다.
처음에는 믿을 수 없고 당황스러웠습니다. 슬펐습니다.
그러나 한편으로 엄마가 아프실 것을 나눠 갖는다 생각하니
마음이 가벼워졌습니다.
오진이길 바라지만, 아니라도 원망치 않고 살아가겠습니다.
게으름 피우지 않고 더욱더 열심히 살아가겠습니다.
함께하여 주옵소서.
모든 것을 주님께 맡기며 기도드립니다,

234 왜 어려움이 지나면 또 다른 어려움이 올까

사랑과 은혜가 충만하신 주님, 감사합니다.
고난 가운데서도 주님을 만나게 하시고
저를 깨워 주님께 나오게 하심을 감사드립니다.
저에게 주어진 감사함이 너무 많은데
늘 잊고 살아온 저를 용서하소서.
아이가 아픈 가운데 태어나 어려운 시간을 견디고 살았는데,
이제 남편이 병중에 있습니다.
'왜 어려움이 지나면 또 다른 어려움이 올까?'
원망하는 마음이었습니다.
감당할 만큼의 고난을 주시는 주님이신 줄 믿습니다.
이 병을 통해 저희 가정 주께 더 나가길 원합니다.
온전히 간구하여 믿음으로 승리하게 해 주옵소서.
이 고난의 끝에 주님께서 주실
열 배, 스무 배의 복이 있음을 믿습니다.
우리 딸이 온전히 건강한 발을 갖게 하셔서
잘 뛰고 걷고 춤출 수 있는 온전한 발이 되게 하소서.
남편 몸속에 있는 병이 온전히 떠나가게 하시어

다시 건강을 찾게 해 주소서.

멀리 떨어져 생활하는 아들, 주님 늘 함께하여 지켜주소서.

235 예쁜 심장 소리가 들리는 아기로

박솔잎 어린이를 위해 기도해 주세요.

이제 두 돌 지난 세상에서 제일 예쁜 아기입니다.

1년 전 심장수술을 했는데,

또 해야 할지도 모른다고 합니다.

아기가 많이 힘들어 합니다.

건강하고 예쁜 심장 소리가 들리는 아기로 자라도록

기도해 주세요.

도와주세요. 하나님.

236 아버지의 소생과 회복을 의심치 않습니다

아버지의 혈압을 낮추셔서 **패혈증***성 쇼크에서
회복시켜 주신 하나님께 감사와 찬양을 드립니다.
비록 아직 양측 폐속에 폐렴이 심하지만,
사용하고 있는 인공호흡기의 산소를 줄여
60%만 공급해도 유지할 수 있게 하심을 감사드립니다.
'하나님께서 마른 뼈에 생기를 공급해 모든 골수의 세포들과
하나님의 군대가 일어나 더러운 균들을 물리칠지어다! 아멘'
작은 변화지만 하나님께서 도와주시는 치유의 손길을
느끼고 있기에 의식 없이 인공호흡기에 의지하고 있는
아버지의 소생과 회복을 의심치 않습니다.
감사드리며 기도합니다.
직장의 동료로부터 딸이 백혈병이라는 소리를 들었습니다.
대성통곡하는 그를 위로하였습니다.
마음 문이 조금 열려 있지만, 아직 신앙생활을 못하고 있는
동료와 그 가족들이 이 아픔을 통해
온전히 주님의 자녀로 회복되기를 간절히 소망합니다.
동료의 딸 항암치료 가운데 주님 함께 손 붙잡아 주시고

주님께서 사랑하시는 '비싼 사람'임을 깨닫고
예수 안에서 큰 인물로 성장시켜 주시기를 간구합니다.

237 얼마나 위로가 되고, 소망이 되었는지 몰라요

주님, 병원교회에 오랜만에 들렀습니다.
제 영혼이 곤궁했던 날에 아버지께서 제게 베푸신
크나큰 은혜를 잊지 않도록 늘 저를 붙들어 주시고
기도와 찬송이 끊이지 않도록 지켜주시며,
늘 동행하여 주옵소서.
투병 중인 암 환자들에게 치유의 기쁨을 주시길 간구합니다.
인간의 약함을 긍휼히 여기사 주님이 살아계심을
저희로, 인격 전체로 느끼고 알게 하소서.
주로부터 기쁨과 평강이 넘치게 하소서.
저희의 몸과 마음이 함께 구원 받게 하소서.
목사님, 늘 건강하세요.
힘든 병원생활 속에 병원교회가 있어서
얼마나 위로가 되고, 소망이 되었는지 몰라요.
기도 부탁드립니다.

238 잘 버틸 수 있도록 하여 주옵소서

생후 116일째.
소아 중환자실에 입원 중이며, 오전 8시 수술 예정입니다.
폐정맥혈관 한 개가 없어
혈관이식 또는 인공혈관 삽입을 예정하고 있습니다.
주님께서 수술을 집도하는 모두의 눈과 귀와 손과 발이 되어
수술이 빠르고 정확하게 진행되게 하옵소서.
수지가 그 시간 동안 잘 버틸 수 있도록 하여 주옵소서.
또 이 수술로 인한 후유증이 전혀 없이,
주님께서 원하시는 대로 부족함 없이
건강하게 살 수 있도록 도와주옵소서.

239 골수 기증하신 분은

목사님, 감사합니다.
오늘도 환우의 고통과 쾌유를 위해 기도해 주심 감사합니다.
우리 남편, 11년 동안 병과 싸우며 살고 있습니다.
곧 골수 이식을 합니다.

의료진들의 손길에 함께 하소서.

골수 기증하신 분은 미국에 계십니다.

그 분을 위해서 기도해 주세요.

경제적 어려움도 주님 의지하며 승리하도록 기도해 주세요.

늘 감사합니다.

240 지금, 이 현실이 믿어지지가 않습니다

악성 흑색종* 말기로 투병 중인 저희 아버지에게

2주간이라는 시간밖에 남지 않았다는

갑작스런 말씀을 오늘 들었습니다.

주님 은혜 안에 호전되고 있다가

2주 새 갑자기 임종이라는 말을 생각해야 하는 지금,

이 현실이 믿어지지가 않습니다.

주님은 살아계시다는 것을 단 한 번도 의심하지 않았고,

앞으로도 그럴 것이며, 지금도 역사하고 계심을 믿습니다.

반드시 기적이 주님의 손길을 통해 일어날 줄 믿습니다.

이 글을 읽으시는 분들과 목사님께 기도 부탁드립니다.

241   모두 안된다고 하는 순간에

오늘 11시경, 엄마가 4번째로 수술을 받습니다.
이제 같은 교인조차도 기적이나 희망을 바라지 않고,
엄마의 아들조차도 귀찮아 합니다.
저는 하나님이 엄마를 살려주셨던 것을 믿고
살려주실 것 또한 믿습니다.
모두 안된다고 하는 순간에 혼자 기도하는 것이
너무 외롭고 두렵습니다.
수술 무사히 잘 받을 수 있게,
하나님의 섭리가 엄마를 통해 이뤄지고,
치유하고 나을 수 있는 기적을 주시길 기도 부탁드립니다.

242   딸의 간을 이식받고

작년 9월 21일, 딸의 간을 이식받고
7월 3일과 16일, 두 차례 담도와 췌장 스텐트 삽입 후
혈변과 어지러움 증상이 있어 오늘 검사와 시술을 합니다.
감당할 힘과 체력 주시고,

의사의 손길 위에 바른 판단력과 함께 눈을 밝혀 주시어
온전히 치유 받을 수 있는 은혜를 주옵소서.
긍휼을 구합니다.

243 재발 없이 완치되게 도와주세요

전능하신 하나님,
우리 한강이가 **조혈모세포 이식***을 앞두고 있습니다.
처음부터 끝까지 하나님께서 함께해 주시고
굳건히 잘 이겨내고 재발 없이 완치되게 도와주세요.
지금까지 잘 견뎌온 것처럼 힘들지 않게 해 주세요.
한강이를 위해 기도해 주시는 모든 사람들에게
하나님의 은혜가 넘치기를…….
그리고 약할 때나 강할 때나 늘 마음 속에
주님에 대한 사랑을 고백하는 아이가 되길 기도합니다.

244 아이만 일어나면 뭐든 할 수 있다는 마음이

전도 중인 한 가정의 아이가 급체를 했는데,
의식이 돌아오지 않고 있어요.
아빠가 전에 교통사고로 38일 만에 깨어난 경험이 있음에도
마음속 하나님만 믿었지, 교회를 다니지는 않고 있어요.
엄마 또한 교인에게 상처가 있어 교회를 싫어합니다.
병원에서는 마음 편히 있을 곳이 없다 하면서
불교에 가면 편하다고 하네요.
계속 전도하고 있는데, 힘이 모자랍니다.
그 가정이 예수 집안이 될 수 있도록
주님이 찾아와 주시길 간절히 기도합니다.
아이만 일어나면 뭐든 할 수 있다는 마음이 있는 부모인데,
옆에서 보는 것이 안타깝습니다.
엄마는 밤마다 기도하는데, 그 대상이 누구인지…….
목사님께서 중환자실 5번 방 찾아가 주셔서 기도해 주시면
고맙겠습니다.
꼭이요!

09

사랑함이
우리의 기도입니다

245 강퍅하게 산 사람이었습니다

40살의 삼남매 아빠입니다.
뇌출혈로 수술했는데도 피가 많이 나고 있습니다.
그동안 하나님 믿는 자를 내쫓고, 강퍅하게 산 사람입니다.
8년 동안 매일 술 먹고 타락에 빠져 살던 사람입니다.
하지만 마음만은 참 선한 사람입니다.
기도해 주세요.

246 늘 염려와 두려움 속에서

99년도에 심장 수술을 받았지만,
건강한 사내 아이를 낳게 해 주신 하나님께 감사드립니다.
당시 늘 염려와 두려움 속에서 하나님을 믿고 기도드렸는데,
이렇게 또 한 번 임신의 축복 선물을 받게 되었습니다.
이곳에 계신 많은 환우와 그 가족들 모두 힘내시고,
저처럼 믿음을 체험하시고 퇴원하셨으면 합니다.
모두 건강한 모습으로 거듭나시기를 축복합니다.

247 수술 후 처음으로 곤한 잠을 잡니다

참 좋으신 하나님,
도담이가 지난 밤에 수술 후 처음으로 곤한 잠을 잡니다.
주님, 도담이를 기억하시고,
이 아이를 살리시고 고치시고,
완치시켜 주실 줄 믿고 감사드립니다.
오늘은 열이 잡히게 해 주세요.
수술 후 모든 부작용으로부터도 지켜주심을 감사드립니다.
하나님께서 전이를, 또 재발을 그리고 염증으로부터
불꽃같은 눈동자로 지켜주심을 믿고 감사드립니다.
수술한 도담이 다리 속에 있는 기구가,
오른쪽 무릎 위 모든 혈관과 근육과 신경조직이
하나님 능력과 지키심으로 온전히 하나가 되어
형통케 하실 줄 믿고 감사에 감사를 드립니다.

248 정신적으로도 안정을 주옵소서

하나님, 사랑하는 재호를 두 번의 **뇌졸중***에서 살려주시고,
심장 수술도 무사히 마치게 됨을 감사드립니다.
하나님 은혜에 감사드리며, 정신적으로도 안정을 주옵소서.
퇴원하게 됨을 감사드립니다.
병원에 계시는 모든 환우분에게도 동일한 은혜를 주옵소서.

249 제발 정상으로 맥박이 뛰어

1월말 심장 수술해서 건강하게 지냈는데, 맥박이 약합니다.
심전도를 해보면 수치가 너무 낮아 잘못하면
심장 박동기를 달 수도 있다고 합니다.
제발 정상적으로 맥박이 뛰어
박동기를 다는 일이 없도록
기도로 도와주세요.

250   투덜거리며 어떻게 이곳을 벗어날까 생각했습니다

마음이 병들었습니다.
이렇게 간절한 사람들을 항상 보면서도
아픈 사람이 싫고, 힘든 일이 싫어 벗어나려고 했습니다.
나 자신을 속인 채 희망을 기억하고 살지 못합니다.
오늘도…….
투덜거리며 어떻게 이곳을 벗어날까 생각했습니다.
제 마음이 치유될 수 있도록,
저에게 일어나는 모든 일들을 긍정적으로 받아들이고
적극적일 수 있게 인도하여 주소서.

251   12년째 병상과 집을 오고 가시는

12년째 병상과 집을 오고 가시는 한 할머니를 만났습니다.
침대를 옮겨 드리기 전 쾌유를 기도해드리겠다고 약속하고,
입원실로 가시는 모습을 바라볼 수밖에 없었어요.
작년 추석, 남편 분을 중풍으로 하나님 곁으로 보내셨다는
할머니의 말씀이 잊혀지지 않습니다.

계속 "주여, 주여" 말씀하시며
"천국만이 나의 소망됩니다."라고 웃으시던 분,
쾌유하여 12년의 고통보다 더 기쁜 마음으로
예배드릴 수 있도록 기도해 주세요.
하나님 함께해 주실 줄 믿으며 기도드립니다.

- 응급실 자원봉사 학생 이고은

252 수술 받고 항암하며, 방사선 할 때

일 년 전 유방암으로 수술 받고 항암하며, 방사선 할 때
이곳을 찾아 기도했던 때가 엊그제 같습니다.
주님 치료의 힘이 얼마나 큰지
또한 기도 능력이 얼마나 큰지를 알게 하시고,
모든 것이 감사함을 다시 한 번 깨우쳐 주셨습니다.
건강을 되찾아 정기검진할 때마다 이곳을 찾습니다.
환우 여러분, 힘내세요. 기도하세요.
마음의 평안을 얻으세요. 참된 쉼을 주실 거예요.
성탄의 기쁨을 맞이하여 모두 회복되시기를 기도합니다.

253 간이식만이 생명의 연장이라 합니다

간기능부전증으로 간이식만이 생명의 연장이라 합니다.
응급실에서부터 지금껏 물 한 모금 마시지 못하고 있습니다.
복수로 인한 복막염으로 장이 원할치 못하기 때문인데,
환우는 자꾸만 먹고 싶어해서 어려움이 있습니다.
장이 우선 빨리 회복되어 먹을 수 있었으면 합니다.
형님께서 간을 기증하시는데 1차 검사결과가 내일 나옵니다.
모든 것들이 하나님의 계획하심에 이끌려 갈 수 있도록,
모든 염려와 두려움, 근심 걱정들을 주님께 맡기며
승리할 수 있도록 도와주시고 함께 기도해 주세요.

254 엄마와 이 따가운 햇볕을 오랫동안 함께

햇볕이 너무 따가워 눈을 뜰 수 없습니다.
엄마와 이 따가운 햇볕을 오랫동안 함께 보고 싶습니다.
이제 곧 주님의 품으로 돌아가시려나 봅니다.
주님 엄마를 데려가시려거든
주님의 따뜻한 손길로 어루만져 아픔 없이 데려가 주세요.

주님을 너무 짧은 시간 알게 되어 잊지 않을까 걱정됩니다.
주님, 꼭 잡아주세요.

255 우리 어머니를 불쌍히 여기시사

사랑하는 우리 어머니, 신장이 좋지 않습니다.
주님, 회복시켜 주옵소서.
의식을 되찾게 치유의 손길을 간절히 바랍니다.
3년 넘게 의식을 못 차리고 계시는
우리 어머니를 불쌍히 여기시사 그 영혼을 지켜주세요.
영혼이 평안해질 수 있도록 간절히 소망합니다.
어머니의 회복, 오직 회복만을 바랍니다.
기적이 오리라 믿고 믿습니다.

256 못해 드린 게 너무 많아요

아버지께서 임파선 암으로 고생하고 있습니다.
작년 기적과 같이 완치의 기쁨을 저희에게 주셨던 하나님,
올해 재발되었지만 낙담하며 쓰러지지 않고
우리 가족들 더욱더 서로를 챙기면서
아버지 건강을 위해서 기도하며 살 수 있도록 도와주세요.
주님, 저와 어머니가 눈물로 드리는 기도를 들으시고
아버지와 함께 예배드리고 기도하며,
완치의 기쁨을 누릴 수 있도록 도와주세요.
아직 많이 젊으신 우리 아버지,
제가 해드린 것보다 못해 드린 게 너무 많아요.
자랑스러운 딸의 모습을 보여드리고 싶습니다.
함께 여행이라도 갈 수 있을 정도의 회복이라도 되기를
주님 힘 주시고 능력 주옵소서.
주님을 의지하며 주님이 제 중심에 계신 것처럼
아버지의 중심에도 주님이 계시게 되기를 기도드립니다.
이렇게 병원에서도 주님 만날 수 있게
예비하여 주신 주여, 감사합니다.
사랑하는 아버지를 위해 큰 딸 정민이가 기도하고 갑니다.

257 제가 한 말로 인하여

제가 한 말로 인하여 친구도, 사랑도, 가족도 잃었습니다.
죽음을 비롯해서 해선 안 될 생각들만 합니다.
삶의 의욕도 없고 죄 지을 생각만 합니다.
저를 잡아주세요.
저의 죄를 이제 그만 용서해 주세요.
편안해지고 싶습니다.

258 오늘 MRI 촬영합니다

일 년 전, 치과 병동에 입원하여
좋은 선생님을 만나 수술하게 하시오니 감사합니다.
오늘 MRI 촬영합니다.
좋은 결과를 기대합니다.
믿음이 연약한 저에게 강함을 주시고
모든 의사들을 축복하여 주옵소서.
한 점의 의료사고 없이 수술하고 치료할 수 있게 하옵소서.

259   어떤 이에게 상처를 주었습니다

어떤 이에게 상처를 주었습니다.
이젠 조금씩 알 것 같습니다. 얼마나 힘들었을지…….
가슴이 터질 것 같은 속상함에서 이젠 그 사람 입장에 서서
하나씩 하나씩 아파하고 있습니다.
시간이 지나야겠죠.
그 분 앞날을 축복하고 싶습니다.
정말 잘될 거라고…….

260   수술은 성공적으로 끝났지만

아버지 허리 수술하시느라 차도, 아파트도 팔았습니다.
어머니, 아버지께서 눈물을 머금고 파는 모습을 보았습니다.
수술은 성공적으로 끝났지만,
이틀 전 언니가 재발하여 이곳에 다시 오게 되었습니다.
우리집 다시 화목해지고 가족들 건강해졌으면 좋겠습니다.

261 이제 모든 것들을 다 내려놓으시고

오랜 병고 끝에 사랑하는 엄마가 주님의 곁으로 가셨습니다.

말로 형용할 수 없는 힘든 육신의 삶을 사시다

이제 모든 것들을 다 내려놓으시고

주님의 곁에서 복을 누릴 수 있게 허락하심을 믿습니다.

하늘나라에 가신 어머니, 아버지 너무 보고 싶습니다.

지난 이틀 동안 장례식을 주관해 주셔서 감사합니다.

몇 시간 후면 발인을 하고 떠납니다.

고통 받은 육신이 주님께로 가오니, 화장하는 동안도

주님, 주관하여 주옵소서.

사랑하는 우리 어머니,

주님의 품에 온전한 복을 다 누리고

행복하게 사실 수 있도록 지켜주실 줄 믿습니다.

엄마 사랑해요.

너무 보고 싶어요.

주님의 품 안에서

엄마 하고 싶은 일 다하고 행복해야 해요.

262 　원인을 알게 하여 주시고

저희 남편 수술 무사히 마치고 모든 검사도 끝났습니다.
예상치 못했던 발목, 등에 염증과 열로 고생하고 있사오니
하나님의 손으로 어루만져 주세요.
원인을 알 수 없는 복부의 팽만함으로 숨이 차니
원인을 알게 하여 주시고 치료하여 주옵소서.
옛날의 첫 신앙으로 돌아오게 하여 주세요.

263 　얼마나 감사할 줄 모르며 살았는지를

여기에 적힌 모든 분들의 쾌유를 빕니다.
모든 분들이 하나님을 의지하고,
기도로 간구하기를 저 또한 기도드립니다.
모든 분들의 기도 문구를 읽으며
제가 얼마나 감사할 줄 모르며 살았는지를 알게 되었습니다.

264 우리 가족이 사랑으로 다시 뭉치는

오랜만에 다시 찾았습니다.
오빠가 간암으로 판정되었지만,
주님 뜻 있기에 낙심치 않고 이길 힘을 가지리라 믿습니다.
수술이 안된다고 합니다.
나를 고쳐주신 하나님, 오빠도 깨끗하게 낫게 해 주세요.
우리 가족이 합심하여 기도하게 하시고
사랑으로 다시 뭉치는 은혜를 사모합니다.
우리 가족 모두에게 악한 것들이 틈 타지 못하게 하소서.
나를 다시 돌아보게 하시고, 기도하게 하시고
주님의 영광을 위하여 살게 하옵소서.
하나님, 도와주세요. 은혜 주세요. 힘을 주세요.
오빠가 깨끗하게 치유 받을 수 있도록 도우시고
가족 모두의 건강을 위해 은혜 주옵소서.

265 캄캄한 터널 속에서도 빛이 되신

오늘 민이가 암 판정을 받고 수술한 이후 5년이 지났습니다.
지난 5년 동안 건강하게 지켜주신 하나님께 감사드리며,
이후로도 늘 지켜 보호하여 주실 것을 감사드립니다.
캄캄한 터널 속에서도 빛이 되신 주님만 바라보고 나올 때
그 어두운 터널을 빠져 나올 수 있었습니다.
주님, 감사합니다.
민이가 하나님의 은혜 잊지 않고 하나님의 쓰임받는 도구로
훌륭하게 자랄 수 있기를 기도드립니다.

266 더 고통스럽지 않게 이번 수술이

하나님, 7일 수술하는 우리 희선이
하나님의 능력으로 수술이 잘 될 수 있게 해 주옵소서.
부모님의 일을 돕다가 사고를 당한
착한 마음의 희선이가 더 고통스럽지 않게
이번 수술이 완벽하게 될 수 있게끔
집도하시는 교수님, 주치의 선생님의 손길에

힘과 능력을 주시옵소서.
예정된 수술이 잘 이루어지도록 보살펴 주세요.
하나님 참으로 감사하고 고맙습니다.
이 일에 도움을 주고 기도해 주시는 분들에게 복을 주소서.
저는 갚을 능력 없사오니 주님 도와주소서.

267 열 번이 넘는 수술을 했습니다

4년째 병원을 오가며 예배당에 처음 발걸음을 옮겼습니다.
친정어머니와 우연히 들렀지만,
주님이 예비하시고 인도하셨음을 믿습니다.
제 딸 진솔이가 또다시 수술을 합니다.
종양때문에 한 번의 항암과 열 번이 넘는 수술을 했습니다.
물 길이 바로 잡혀 이번이 마지막 수술이 되게 해 주시고,
이번 시술을 통해 많은 변화를 받기 소망합니다.
또다시 힘겨운 싸움을 혼자 감당해 내야 하는
진솔이를 주님이 지켜주세요.

268 살아있다는 증거가 어디에도 없어서

목사님께 기쁜 소식 전하게 되어 너무 좋습니다.
서울대병원에 20여일 전 응급실로 들어왔던 이영주.
지금 백병원에 있는데, 의식이 돌아오고 있습니다.
저를 알아보고 제가 기도하자 "아멘" 하였습니다.
119 부르고 대전의 병원 도착하기까지
23분 동안 살아있다는 증거가 어디에도 없어서
심장 살리려고 기계로, 심폐 소생술로
호흡만 유지시켰습니다(23분 동안 숨 안 쉼).
서울대병원에 이송할 때도 숨이 멎을 수 있다고 했습니다.
뇌손상이 클 것으로
전혀 의식 없이 몇 년을 지낼 수도 있고,
의식 없는 채로 죽을 가능성도 크다고 했습니다.
영주의 의식이 돌아오는 것은 기적이나 다름없습니다.
기도에 응답해 주신 하나님께 감사드리고,
기도해 주신 모든 분들께 감사드립니다.
그녀의 삶을 아름다운 길로 이끌어 주소서.

269   아이에게 작은 변화들이 일어나고 있습니다

미주신경 자극기*를 몸에 삽입하는 수술을 받았습니다.
동진이가 수술받는 중에도 저는 이곳에 와서 기도했습니다.
수술 잘 받아서 아이의 삶이 한층 더 풍요롭고
건강한 생활이 될 수 있도록 하나님께 울면서 매달렸습니다.
믿음대로 수술은 잘 되었고 움직이지 못하던 왼손에도
신경이 살아나서 조금씩 손을 듭니다.
감사합니다.
하나님 은혜로 아이에게 작은 변화들이 일어나고 있습니다.
하나님께서 계획하신 뜻이라 생각합니다.
아이에게 훗날 많은 일들을 맡기실 계획을
하나님께서 간직하고 계시다는 것을 저는 믿습니다.
언제나 하나님께 감사드릴 수 있게 해 주심에 감사드려요.
또한 은혜로 저의 마음을 담대하게 해 주시고,
감사로 물들이게 해 주셔서 감사합니다. 아멘.

270 아기가 더 힘든 과정을 겪지 않게

출산 예정일보다 아이가 빨리 나와 7개월째 입원 중인
저희 아기를 위해 같이 기도해 주세요.
벌써 3번째 수술을 했지만,
폐가 좋지 않아 기계의 도움 없이 숨을 쉴 수가 없네요.
최근 호흡이 악화되어 기관절개 진행을 앞두고 있습니다.
아기가 더 힘든 과정을 겪지 않게
수술 없이 잘 회복되고,
그리고 무사하게 퇴원이 되도록 기도해 주세요.
수술하게 되더라도 잘 마쳐서
하루라도 더 빨리 건강해지기를 기도해 주세요.

271 새로운 신약을 쓰기 시작했습니다

하나님, 새로운 신약을 쓰기 시작했습니다.
처음 시작한 약이라 몸 안에서 싸움을 하고 있는지
아이가 힘들어 합니다.
가슴 아픔을 느끼지만,

하나님께서 우리 지혜를 항상 보고 계심을 믿사오니
앞으로 잘 헤쳐 나갈 수 있도록 도와주세요.
요즘은 제가 몸도 안 좋고 정신이 멍합니다.
정신 차리고 우리 아이를 잘 돌볼 수 있도록 힘을 주시고
정신의 맑음을 주셔서 최선을 다할 수 있게 해 주세요.

272 면역력 수치를 높여 주셨으니

하나님, 여기까지 인도하여 주심을 진심으로 감사드립니다.
인공호흡기 없이 안정되게 호흡하게 해 주실 줄 믿습니다.
면역력 수치를 높여 주셨으니
남은 항암치료도 잘 진행되고,
회복할 수 있도록 도와주세요.
남편을 위하여 기도하고 도와주시는 모든 분들에게
하나님의 기적을 나타내게 하여 주세요.
모든 것 감사드립니다.

273   남편이 자가면역 뇌염치료를 위해

사랑하는 주님, 남편이 자가면역 뇌염치료를 위해
오늘부터 4차례 리톡시맘 주사를 맞습니다.
이 주사가 좋은 효과가 있어서 어지럼 증세가 물러가고,
보행도 정상으로 회복되고, 인지능력도 좋아져서
맡겨진 사명 잘 감당하도록 지키시고 인도해 주옵소서.
좋은 병원, 좋은 의사, 좋은 교회 만나게 하심 감사합니다.
속한 시일에 정상으로 회복될 줄 믿고 감사합니다.

274   엄마, 제발 잘 이겨내줘

엄마, 수술 잘되길 기도할게요. 제발 잘 이겨내줘.
오빠도, 엄마도 갑자기 한 순간에 이곳에서
몇 번의 수술과 회복을 하는 건지, 너무 암담해.
하지만 씩씩하게 버틸테니까
오빠랑 엄마 건강만 했으면 더 바랄게 없을 것 같아.
사랑해. 이따가 수술 잘되고 얼굴 보자.

275 저의 기도가 얼마나 사치인가를 반성하게 됩니다

사랑하는 하나님,
이 노트에 적힌 간절한 기도를 꼭 들어주세요.
저의 기도가 얼마나 사치인가를 반성하게 됩니다.
암 투병하시는 분들, 희귀병으로 절망하시는 분들,
아기가 아파서 절절히 기도하는 엄마들의 기도를
제발 외면치 마시고 꼭 들어주세요.

276 그동안 얼마나 힘들게 지내오셨는지

엄마가 의식을 찾을 수 있게 해 주세요.
그동안 얼마나 힘들게 지내오셨는지 모든 것을 아시는 주님,
엄마에게 고통을 주지 마세요.
은혜를 베푸시사 모든 의식과 호흡과 건강을 되돌려 주세요.

277 오늘도 덕분으로 누리는 하루입니다

5년 전 이 날, 암수술을 받았습니다.

이렇게 건강히 5년을 지켜주신 은혜, 그저 은혜입니다.

아무리 생각해도 은혜입니다.

제게 허락하신 병원교회에서 늘 당당히 아버지의 모습을

아니, 그 품에 실컷 안겼다 갑니다.

지난 5년을, 그리고 오늘 이렇게 추운 한겨울.

따뜻한 난방과 잔잔한 찬양과 모든 것이 다 은혜입니다.

감사해요.

오늘도 덕분으로 누리는 하루입니다.

찬양 받으시기에 합당하신 아버지를 제가 압니다.

알아버렸습니다. 아멘.

10

기다림이
우리의 기도입니다

278   어찌하란 말입니까? 이제 와서

하나님, 하루하루를 기다리며 지내왔습니다.

골수 기증자가 나타나기를 간절히 기다렸습니다.

미국에 있는 일본인이 기증 의사를 밝혀왔습니다.

그래서 그에 필요한 절차를 밟고 있는데,

어제는 교수님이 오셔서

암세포가 너무 빨리 불어나고 있어서

골수이식을 해도 실패할 수 있다고,

항암치료 또한 소용 없을 것이라고 말씀하셨습니다.

어찌하란 말입니까?

이제 와서 이것도 안되고 저것도 안된다는

사형선고와도 같은 말만 하시니,

쉽고 담담하게 말씀하시는 교수님이 미웠습니다.

아직 끝은 아니라고 믿으며 주님의 손길을 믿습니다.

사람의 힘으로는 이제 안되니,

주님이 행사하여 주실 일만 남았습니다.

믿는대로 된다고 하신 말씀을 믿으며 기도합니다.

주님의 방법대로 행하여 주옵소서.

흔들리는 저의 믿음을 강력하게 붙잡아 주옵소서.

279   고통 속에서도 기쁨의 미소 잃지 않게

서울의 공기만큼이나 답답하던 마음이
시원한 빗줄기 속에 다 내려간 날,
기분 좋게 저녁식사 마치고 수술 회복 차
운동하러 나온 길에 십자가만 보였던 교회,
입구를 찾아 기도하게 됩니다.
모든 것 내려놓고 믿고 따르겠습니다.
이끌어 주시고 빛으로 보여주세요.
사랑하는 모든 사람들과 나눠야 할 시간들을
오랫동안 갖길 소망합니다.
담대히 치료 받고, 고통 속에서도 기쁨의 미소 잃지 않게
주님 용기 주시고 저와 항상 함께해 주세요.

280   사고 전과 똑같은 모습으로

하나님, 감사합니다.
마취사고로 인한 뇌 손상을 치유시켜 주심에 감사합니다.
듣고 말할 수 있게 하여 주심을 감사드립니다.

하루속히 보고 말하고 두 다리로 서게 하여 주소서.

사고 전과 똑같은 모습으로 저희 가족,

하나님 안에서 평범한 일상에 감사하며

살 수 있게 하여 주소서.

6살 난 아이에게 새로운 삶을 주소서.

하루속히 두 눈 보이게 하여 주소서.

감사드리며 기도 부탁드립니다.

281 담대히 인내하며 잘 견디고 도우심 간절히 바라며

내과계 중환자실 박찬길을 위하여 기도합니다.

2월 1일 급성골수성 백혈병*으로 진단 받고

6월 16일 여동생에게 조혈모세포 이식을 받았습니다.

혈구가 아직 만들어지지 않고 그 기간이 너무 길어져

여러 합병증이 생겼습니다.

폐, 간, 신장, 위 모두 안 좋아요.

환우 본인은 담대히 인내하며 잘 견디고

주의 자비로우신 도우심 간절히 바라며 기도하고 있습니다.

치유의 역사를 간구하는 기도, 간절히 부탁드립니다.

282   어리석은 나를 보았습니다

하나님, 마루의 수술이 무사히 끝났습니다.

션트를 넣기 위한 수술인데, 단백질 수치가 높아서

막힐 확률은 많이 높았지만, 다른 치료가 급하다 보니

어쩔 수 없이 감행했다고 합니다.

주께서 늘 함께하시니 그것 또한 잘 되리라 봅니다.

모든 것을 주님께 의탁했으니

저는 기도로 기다리겠습니다.

션튼이 아무 이상 없이, 부작용 없이 모든 성능을 발휘하여

급한 방사선 치료가 효과를 볼 수 있게 기도 부탁드립니다.

오늘 새벽 말씀을 생각하니

회개의 눈물이 그치지 않습니다.

할머니의 간곡한 기도만으로 회복할 것이라 생각한

어리석은 나를 보았습니다.

너무나 제 자신이 바보스러웠고 마루에게 미안했습니다.

오직 주님만을 바라보며 살겠습니다.

함께 기도해 주세요.

283 뇌손상이 워낙 심해서

안녕하세요 목사님!

1년 조금 지났는데, 수민이 엄마입니다. 기억하실는지…….

작년 9월에 수민이가 중환자실에서 사경을 헤맬 때

병원교회에서 하나님을 다시 만났습니다.

퇴원해서 하나님의 은혜 가운데 잘 지내고 있습니다.

그러나 뇌손상이 워낙 심해서

아직 경련과 발작이 가끔씩 계속되고 있어요.

오늘은 비디오 뇌파촬영을 위해 잠시 입원 중입니다.

수민이와 늘 기도하면서

주님 주신 소망 가운데 믿음 잃지 않고 있어요.

반드시 전처럼 일어나 걸을 것이라 믿고 있습니다.

아직 의식이 돌아오진 않았지만…….

하나님의 뜻이 있을 거라고 믿고 있어요.

끝까지 함께 기도해 주세요.

284 그 아이에게 새 희망을 주세요

주님, 우리 딸 민아가 뇌종양으로 힘든 시간을 겪고 있어요.
주님을 사랑하고 교회 가기를 좋아하던 민아,
입원해 있을 때 목사님께서 기도해 주시면 좋아하던 민아.
그 아이에게 주님의 사랑으로 새 생명을 주세요.
그 아이에게 새 희망을 주세요.
우리 민아 좀 살려주세요.
아무것도 모르고 있는 우리 민아에게 새 힘을 주세요.
남은 수술까지도 많은 시간이 남아 있습니다.
시작하는 시간부터 끝나는 시간까지 늘 함께해 주세요.

285 세상이 너무 힘들었던 날들입니다

하나님, 처음으로 기도드립니다.
세상이 너무 힘들었던 날들입니다.
저에게 한 번만 하나님의 말씀을 듣게 해 주세요.
많이 아프지만 열심히 살고자 합니다.
저에게 행복을 내려주세요.

286 많이 아플텐데······

사랑의 하나님! 참 감사드립니다.

수술 전 하나님을 믿고 평강으로 매달렸습니다.

늘봄이 수술 잘 마치고 지금 병실에 있습니다.

많이 아플텐데, 속으로 삭이고 있는 것 같습니다.

우리 아들 9살이고,

참 건강하고 곤충을 좋아하고 옷엔 지푸라기가 한 웅큼,

주머니엔 모래가 좌르르······.

귀여운 막내아들이었습니다.

왜, 어디서부터 **골육종***이라는 병이

이 아이에게 주어졌는지 전 모릅니다.

그렇지만 하나님께서 뜻하신 바가 있으시니

꼭 완치시켜 주셔서

주님 원하시는 대로 쓰시리라 믿습니다.

저희 모두 하나님께로 마음을 모으고 경배합니다.

287 물 한 모금도 못 먹고

항암치료를 위하여 벌써 우리 종원이(10세)가
27일을 물 한 모금 못 먹고 금식하며, 병과 싸우고 있습니다.
2차 항암약의 부작용으로 신장이 회복되지 않아서
소변을 못 보고 혈액투석을 하면서 중환자실에서 외롭지만,
오직 하나님의 능력이 임하기를,
쇠약해 있는 모든 장기 치유해 주시기를 기다리고 있습니다.
암세포가 더 전이되기 전에 맘껏 항암치료라도 받을 수 있게
신장의 기능이 빨리 회복되도록 기도해 주세요.
또 하나님께서 함께하신다는 소망과
건강한 삶에 대한 희망을 간직하며,
평강이 늘 종원이의 마음속에 임하도록 기도해 주세요.
그리고 서울대병원 모든 환우 분들의 쾌유를 위해서도
기도해 주세요. 감사드리며,
우리를 보배롭게 여기시는 예수님의 이름으로 기도합니다.

- 종원이의 할머니 드림

288   뇌를 재우는 극적처방을 하게 되었습니다

뇌하수체 선종*(3.7cm) 제거수술 이후 경과가 좋았습니다.
잘 회복되어 퇴원을 앞둔 상황에서 머리가 아프다하여
CT 등 각종 검사를 했지만, 이상이 없었습니다.
이후 의식을 잃고 그날 밤 중환자실로 내려왔지만,
아직 그 원인을 발견하지 못했습니다.
그 다음날 새벽에 심방마비가 와서 심폐소생술을 하고
인공호흡기를 달고, 감염되었다는 소식을 들었는데,
뇌가 급격히 부어 뇌를 재우는 극적처방을 하게 되었습니다.
10일간 잠을 재우고 나서 약을 끊었더니,
더 상태가 안 좋아 다시 뇌를 재운 지 14일만에 약을 끊고
상황을 지켜보고 있습니다.
그 약이 모든 장기 기능을 저하시키는 것이라고 합니다.
그래서인지 소변에서 피가 섞여 나오는 등 좋지 않습니다.
약이 몸 밖으로 빠져나가는 데에 3-4 주가 걸린다고 하는데,
뇌압, 혈압이 제대로 기능하고 어머니가 별다른 합병증 없이
의식이 회복되길 기다리며 기도합니다.
기도해 주세요.

289 할 일이 너무나 많은 젊은 아이입니다

우리 아들 머리에 악성종양이 생겼습니다.
부위가 너무 위험해 수술도 못하고, 방사선도 받지 못하고
항암치료만 받을 수 있어 1차 치료를 일주일 전에 받았는데,
며칠 전 검사결과 종양이 더 커지고 뇌압이 높아져서
2차 치료는 받지 못하고 외압치료만 하고 있습니다.
우리 아들, 이제 29살입니다.
할 일이 너무나 많은 젊은 아이입니다.
불쌍히 여기소서.
머리에 생긴 종양이 깨끗하게 제거되어
온몸의 기능이 다 좋아질 수 있기를 기도합니다.
주님, 간절히 기도드립니다.
우리 아들 꼭 기억하옵소서.

290 제 아들, 이제 태어난 지 2개월인데

어린이 병동에 입원하다가 오늘 퇴원합니다.

제 아들 이제 태어난 지 2개월인데,

원인 모를 병에 걸려 괴로움 중에 있습니다.

병원에서도 치료법이 없는 것으로 말하고 있습니다.

이제 집에 가서 치료할 수밖에 없어요.

하나님 기적의 치유를 믿고 의지하며 살아가려고 합니다.

제발 고침 받을 수 있도록 하옵소서.

제가 잘못한 것이 많습니다.

제가 돌아가겠습니다.

이제 그만,

제 아들에게서 병을 깨끗이 거두어 가 주옵소서.

그리고 언젠가 하나님의 영이

제 안에 있음을 깨닫고, 느끼며 살겠습니다.

291   횟수를 헤아릴 수도 없는 검사

4세 된 여자 어린이 김지민 보호자입니다.
원인도 모른 채 개인병원부터 이곳 서울대병원의 치료까지
지금 현재 49일 동안 지내고 있습니다.
횟수를 헤아릴 수도 없는 검사와 2회의 수술 끝에도
원인이 밝혀지지 않은 상태에서
저희는 처음으로 하나님을 영접하게 되었습니다.
끊이지 않는 기도와 주변 목사님들의 도움으로
기도가 무엇인지, 주님이 누구신지 알게 되었습니다.
너무도 건강했던 우리 아이는
소장, 대장, 위, 방광의 기능이 갑작스레 마비되었고,
최고의 의료진조차 불확실한 대답만 주었을 뿐이었죠.
하지만 49일간의 금식을 끝으로
갑자기 모든 장기의 기능이 돌아오면서 기적을 느꼈습니다.
여기 계신 모든 분들,
주님의 기적을 고대하는 모든 분들이
하나님의 증거가 반드시 되리라 믿으며, 기운 내십시오,
주님 보시기에 얼마나 사랑스러운 우리입니까?

꼭 기다리세요. 곧 있어 응답을 주십니다.
저희는 대장의 마지막 기능만 돌아오길 기원하고 있습니다.
역시나 믿어 의심치 않고요. 모두 모두 파이팅!

292   이제 깨끗한 동맥을 주셔서

예수님, 오늘 수술할 수 있게 해 주셔서 감사합니다.
예정대로, 또 좋은 컨디션으로 수술할 수 있게 해 주십니다.
최소 12시간이 넘는 긴 수술이 될 것이라고 했고,
많은 합병증과 어려움이 큰 수술이라고 합니다.
이제 깨끗한 동맥을 주셔서
다시는 터지거나 부풀지 않게,
수술 도중 위험한 일이 없게 해 주세요.
지금까지 이렇게 지켜주신 것 너무나 감사합니다.
오늘 집도하는 선생님들 모두에게 지혜와 능력 허락하시어
수술이 잘 되게 은혜를 베풀어 주세요.

293   아이가 심장수술을 기다리고 있습니다

오늘 아침 히브리서 4장 16절 말씀에 은혜를 받고
아이랑 산책하던 중 병원교회에 들렀습니다.
"그러므로 우리가 긍휼하심을 받고 때를 따라 돕는 은혜를
얻기 위하여 은혜의 보좌 앞에 담대히 나아갈 것이니라"
때를 따라 주시는 은혜,
긍휼함을 입은 우리,
긍휼하심을 베푸시는 하나님.
지금 저희 아이가 심장수술을 기다리고 있습니다.
연약한 저에게 때를 따라 말씀의 은혜, 삶의 은혜,
응답의 은혜를 주신 주님께 감사드리며,
담대하게 한 번 더 긍휼하심을 구해 봅니다.
저희 딸을 불쌍히 여기소서.
여기에서 고통받는 환아들의 쾌유와
가족들의 수고로움이 기쁨으로 열매 맺기를
또한 간절히 기도드립니다.

294 이제는 다른 대안이 없는데

금요일 지우의 뱃속에서 또 출혈이 있었습니다.
지난 4월 25일 췌장과 소장을 연결하는 수술을 하였지만,
봉합부위가 벌어지고 그곳에서 액이 새고 있어
한 달째 장기와 혈관들을 손상시키고 있습니다.
그것을 복원하려 재수술을 시도하였지만, 그것도 실패.
이제는 다른 대안이 없는데, 그것이 저절로 붙어주고
뱃속으로 흐르지 말아야 하는데, 또 혈관을 터트리고…….
그럴 때마다 지우는 생사의 고비를 넘깁니다.
"하나님은 아프게 하시다가 싸매시며
상하게 하시다가 그 손으로 고치시나니"
아버지, 지금껏 견딜 수 있게 힘 주시고 붙잡아 주신 것처럼
앞으로도 붙들어 주옵소서.
세상 살아갈 힘을 주옵소서.
욥이 고난의 끝이 있음을 믿고 그 끝을 기다린 것과 같이
우리 지우와 저에게도 담대한 믿음 허락하여 주옵소서.

295 　또 병명이 하나 늘어났어요

우리 태영이를 지켜주세요.
지금까지도 힘들고 어려운 수술과 치료를 견뎌왔는데…….
또 병명이 하나 늘어났어요.
아직 50일밖에 안된 아기에게 너무 힘든 병입니다.
우리 아기에게 힘을 주세요.
항상 주께서 함께해 주세요.
태영이가 이겨낼 것이라 믿어요. 고쳐질 것으로 믿어요.
항상 언제나 우리 아가와 함께해 주세요.

296 　이제부터 관여하셔서 빠른 회복으로

하나님, 감사합니다.
어제 간이식 수술이 무사히 끝났습니다.
이제부터 주님께서 관여하셔서
빠른 회복으로 감사할 수 있게 도와주소서.
기도하는 많은 사람들 보내주심에 감사하며,
하나님 나라 확장하는 데 노력하도록 우리를 사용해 주소서.

297 정신이 혼미한 가운데

혈액종양, 뇌경색, 헤모글로빈 감소로 정신이 혼미한 가운데
하나님의 기적만을 기다리고 있습니다.
속히 맑고 깨끗한 정신으로 고침 받아
그 놀라운 기적을 간증하는 전도의 도구로 사용하여 주소서.
지금 혈압이 너무 높아져 있습니다.
속히 정상으로 돌아오기를 간구하는 모든 분들의 기도가
헛되지 않게 하나님 응답하여 주시옵소서.

298 더 나빠지지 않게 붙들어 주심에

하나님 감사합니다.
고통 가운데서도 하나님 바라볼 수 있게 하시고,
더 나빠지지 않게 붙들어 주심에 진실로 감사해요.
앞으로의 남은 투병생활, 하나님만 의지하고 바라보며
잘 이겨낼 수 있게 해 주세요.
사랑하는 가족들 늘 지켜주시고 항상 함께해 주세요.

299 어찌 낙담과 두려움 속에서 벗어날 수 있었겠습니까

지난 2월, 한 달간 입원 후 퇴원했다가 재입원 4일째입니다.
병원에 입원 후 혈소판이 너무 떨어지고
코와 입에서 출혈이 심해 안정을 취하면서 누워 있다가
4일째 아침, 새벽기도회에 참석하게 되었습니다.
혈액 수치가 너무 낮아 중단했던 항암치료를
어제부터 시작했습니다.
골수의 암세포를 새로운 항암제로 말끔히 치료해 주시고,
주기적으로(더욱 빨라짐) 맞는 수혈을 하지 않게 해 주세요.
고난 가운데서도 언제나 마음의 평안과 소망을 주시는
주님께 감사합니다.
지나간 시간 동안 실로 주님의 위안이 아니었으면
어찌 낙담과 두려움 속에서 벗어날 수 있었겠습니까?
주님, 7번 넘어져도 7번 일어나는 제가 되게 하옵소서.
주님께 더욱 가까이 가는 은혜의 시간이 되게 하옵소서.

300 골수이식 후 1년이 지났습니다

하나님 은혜에 감사드립니다. 골수이식 후 1년이 지났어요.

하나님께서 보호해 주셔서 잘 지내고 있습니다.

은혜 가운데 살고, 말씀대로 살려고 노력해 왔습니다.

이제 1년이 지나 골수검사가 내일로 다가왔습니다.

주님께서 1년 동안을 치료해 주시고 보호해 주셨습니다.

이제 의사 선생님들의 손을 빌어 검사 받게 되었습니다.

주님의 큰 기적을 확인할 수 있는 자리라 생각합니다.

기도 부탁드립니다.

301 더디지만 치료의 길로 나아가기를

기관 삽관을 하고 좀 평안하게 몸에 힘을 축적해서

더디지만 치료의 길로 나아가기를 소망합니다.

주변 여러 사람들의 기도와 응원으로 힘을 내게 하시고

잘 견디어 내게 하소서.

나의 힘이 되신 여호와여!

302 아들과 함께 병원에 왔습니다

하나님, 대구에서 아들과 함께 병원에 왔습니다.
조울증* 등 정신적인 여러 가지 병을 세세하게 검사하여
의학으로, 하나님 능력으로 치료되기를 바랍니다.
우리 아들은 무척이나 착한 청소년입니다.
주님은 알고 있습니다.
세상의 죄악 때문입니다.
친구들의 따돌림으로 극단적인 선택까지 생각한 우리 아들,
하나님 고쳐주시고 주님 뜻으로 세워주세요.
아들의 아픔이 치료되기를 원합니다.
주님, 저를 대신하여 아들 살려주세요.

303 잘 견디고 있습니다

안녕하세요.
우리 아이 잘하고 있습니다.
하나님 자녀로서 힘겨운 싸움인데도 잘 견디고 있습니다.
잘 돌보아 지켜주시고 건강한 몸 되어 돌아가게 해 주세요.

하나님, 보고 계신 거죠?

살펴주세요.

보살펴 주시고 기억해 주세요.

8월도 어느 덧 9월을 향해 갑니다.

5월 중순부터 우리 아이 웃음을 가져가신 분 맞으시죠?

돌려주세요. 예쁘게…….

오늘 하루도 잘 지내게 해 주세요.

304 편안하게 숨 쉬는 그날까지

사랑하는 아들이 오늘부터 입으로 죽을 먹습니다.

하나님의 놀라우신 기적을 체험하고 있는 저희는

감사하는 마음뿐입니다.

아들이 끝까지 잘 버텨주고 편안하게 숨 쉬는 그날까지

병원생활에 잘 적응하길 간절히 기도합니다.

아들이 이틀 동안 입으로 죽을 먹고

다시금 또 기도삽관을 하였습니다. 3번째 시도입니다.

이번엔 정말 빨리 뽑고 잘 적응하여

혼자 숨을 쉴 수 있도록 기도 부탁드립니다.

305 이 고난 속에서 이것을 이룰 수 없다면

남편의 아픔과 고통 속에서 우리 부부가 회복되고
하나님의 크신 사랑을 깨닫고 굳건해지기를 기도합니다.
예수님과 만나는 길에 많은 방해물로
고통당하고 있는 남편을 보면 안타깝습니다.
연약한 육신으로 인하여 당하는 고통보다
더 커다란 영원의 문제를 깨달을 수 있기를 간절히 빕니다.
남편과 많은 시간을 함께할 수 없다는 절망 가운데서도
하나님을 향한 믿음으로 견디고 있습니다.
상황을 보면 두렵지만,
하나님이 허락하고 주관하심을 믿기에 담담히 바라봅니다.
가장 좋은 것으로 채우시고
가장 선한 것으로 감당케 하심을 믿습니다.
영원한 나라 백성에 남편 이름 새겨지게 하소서.
이 고난 속에서 이것을 이룰 수 없다면
이보다 더한 고통은 없을 것입니다.
가슴 깊이 주님 불러봅니다.
책임져 주세요.

11

간절함이
우리의 기도입니다

306 딸들을 너무도 사랑하는 아빠이기에

오늘 남편이 위암 수술을 받았습니다.
검사상 초기 위암으로 생각했으나,
수술을 집도하신 선생님께서는 생각보다
암이 진행된 상태라고 하셔서 걱정이 많습니다.
주님 믿사오니 우리 남편에게 치유의 역사 이루어져
재발되거나 전이되는 일이 없게 해 주시고,
일주일 후 조직검사 결과도 잘 나오게 해 주세요.
어린 두 딸이 있습니다.
딸들을 너무도 사랑하는 아빠이기에
건강한 육신 허락하셔서 사랑하는 딸들에게 상처주지 않고
아빠 역할 잘 감당하게 해 주세요.
모든 치료과정을 주님께서 주관하셔서
퇴원할 때는 걱정 없이 희망 가지고 퇴원하게 해 주세요.

307 아무것도 해줄 수 없는 이 어미가 증오스럽습니다

간절히 기도합니다.

저의 아들은 7살입니다.

너무나 총명한 개구쟁이 아들이 한순간에 혼수상태입니다.

제 부주의 때문이기에 더 고통스럽고, 병과 싸우는 아들에게
아무것도 해줄 수 없는 이 어미가 증오스럽습니다.

하나님, 제가 할 수 있는 것이라고는 하나님께 간절하게
기도하는 것 뿐입니다. 제 믿음이 부족할지 모르지만,
앞으로 살아가면서 노력하겠습니다.

제발 우리 아들 살려주세요.

아들이 베란다에서 빨래 건조대 줄에 목이 메어졌습니다.

전 아무것도 모른 채 화장실에 있었습니다.

숨을 쉬지 않았지만 심장은 뛰었고, 천안에서 치료하다가
이곳 어린이 중환자실로 이송하게 되었습니다.

벌써 10일이 지났는데 호전이 없습니다.

얼른 의식을 찾고 벌떡 일어나게 도와주세요.

열이 계속 나고 뇌부종이 심각하다고 합니다.

제발 도와주세요. 우리 아들 살려주세요.

간절하게 호소합니다.

우리 가족 예전처럼 행복할 수 있게 도와주세요.

하나님께서 우리 부부에게 사랑을 일깨워 주시려고

잠시 고통을 주시는 것이라고 믿고 싶습니다.

소중한 사랑을 배우게 되었습니다.

부디 도와주세요.

308 이식하는 날이 아이의 생일입니다

자가이식 후 2차 암으로 골수이형성으로 진단 받아서

7월 11일 동종모 이식을 합니다.

이식하는 날이 아이의 생일입니다.

공여자는 엄마로 정했으니 새로운 조혈모세포가

잘 생착되어서 골수 회복이 잘되길 바라고

이식 후 **숙주반응*** 없이,

아무런 부작용 없이

주의 손으로 깨끗이 치료되길 간절히 원합니다.

아이의 생일헌금을 십자가탑 헌금으로 드립니다.

309 간이식 수술을 앞두고 있습니다

생후 50일 된 준수입니다.
간이식 수술을 앞두고 있습니다.
카사이 수술*을 못하고 앞으로 6개월이나 8개월 후에
간 이식 수술을 바로 합니다.
부디 고모의 모든 것이 우리 준수에게 잘 맞아서
고모의 간을 받을 수 있도록 하나님 도와주세요.
그렇게 될 수 있도록 기도해 주세요.

310 이제 어떻게 해야 할지 잘 모르겠습니다

저는 **구강암***이라는 몹쓸 병에 걸렸습니다.
아직 20살밖에 되지 않았는데,
벌써 죽는다고 생각하니 너무도 두렵습니다.
수술해도 장담을 못한다는 의사의 말에 너무도 놀라
이제 어떻게 해야 할지 잘 모르겠습니다.
어려서 부모님도 일찍 돌아가시고 큰집에서 자랐는데,
지금까지 너무도 힘들게 살아왔는데…….

이제 정말 정신 차리고 살려고 하는데,

이런 몹쓸 병에 걸리고 말았습니다. 어떻게 해야 할까요?

정말 두렵습니다.

아직은 정말 살고 싶은데…….

아직은 할 일도 많이 남았는데…….

내일이면 함암치료에 들어갑니다.

꼭 좋은 결과가 있도록 기도해 주세요.

하나님의 기적을 믿습니다.

311 한 번이라도 뛰놀고 싶은 마음 간절합니다

어린이병동 5203호실 강누림 엄마입니다.

심부전* 심근경색으로 심장이식 수술을 받고 싶어서

장기센터에 등록하여 기다리고 있는 환자입니다.

어린이 심장기증 받기가 하늘에서 별 따기라

마냥 기다리기가 힘들어 집에서 약으로 치료하고 있다가

다시 심장이 안 좋아 재차 두 번에 걸쳐 입원하였습니다.

다른 아이들처럼 한 번이라도 뛰놀고 싶은 마음 간절합니다.

하나님 도와주소서. 주님의 도우심이 간절합니다.

312 저희는 모든 것을 다 잃어도 좋습니다

하나님께 저의 간절한 소망을 말씀드립니다.
너무나도 사랑스런 막냇동생이
중환자실에서 힘든 병과 싸우고 있습니다.
빨리 인공호흡기를 떼고 항암치료에 들어가야 하는데,
아직 회복되지 않고 있습니다.
주님! 주님의 능력을 보여주세요.
저희 가족은 무조건 그 아이를 살려야만 합니다.
주님이 주신 귀한 생명이잖아요.
사랑의 하나님, 저희에게 기적을 보여주세요.
우리의 사랑스런 하나님의 아들 좀 지켜주세요.
정말 간절히 원합니다.
동생의 폐 상태가 하루빨리 좋아져서
항암치료에 들어갈 수 있도록 도와주세요.
그 나쁜 암세포들을 다 없애주세요.
저희 가족은 절대 주님만을 의지하며
주님만을 바라보겠습니다. 제 동생에게 힘을 주세요.
동생은 해낼 수 있습니다. 항상 주님께서 함께해 주세요.

저희는 모든 것을 다 잃어도 좋습니다.

하지만 우리 착한 동생만큼은 절대 잃을 수 없습니다.

사랑의 하나님!

저의 간절한 기도를 깊이 들으시고

제가 동생에게 많은 사랑을 베풀 수 있도록 도와주세요.

주님께 날로날로 감사의 기도만 드릴 수 있기를 소망합니다.

주님의 살아계심을 체험하게 하소서.

예수님의 이름으로 간절히 진심으로 기도드립니다.

313   친구들과 사이좋게 지내는 것도

저는 초등학교 1학년입니다.

수술 끝나고 퇴원하면 안 아프게 도와주세요.

귀가 잘 들리게 해 주세요.

수술이 끝난 후 말을 잘하고 귀가 잘 들리게 해 주세요.

친구들과 사이좋게 지내는 것도 다 소원이예요.

부탁드립니다.

− 혜린이 올림

314 간절하게 소망하는 것을 이루기 위하여

난생 처음 새벽기도에 참석했어요.
너무나도 간절하게 소망하는 것을 이루기 위하여…….
남편은 2년 전, 5월 18일 **림프종***을 선고 받았습니다.
그 해엔 최선을 다해 항암과 방사선을 병행하면서
그 다음 해 1월, 완전히 깨끗해졌다는 교수님의 판단으로
1개월간 휴식을 취한 후 일상생활로 돌아갔고,
회사생활도 열심히 잘하고
식사를 비롯한 모든 것이 예전과 같아졌습니다.
그러던 6월에 다시 발병해 서울대병원에 입원하게 되었어요.
모든 검사가 끝나고, 결과는 재발…….
항암을 시작하고 지금에까지 이르렀습니다.
그런데 지난 4월의 최종 결과는 우리 부부가
입을 다물지 못할 정도로 날벼락 같은 판정이었어요.
백혈병으로 전환된 것 같다고…….
감당할 수 없는 슬픔에 남편은 자리에서 일어서질 못했으며,
지금은 항암과 백혈병 치료를 같이하고 있습니다.
너무 불쌍한 저희 남편을 위해 새벽기도에 나왔습니다.

제가 할 수 있는 유일한 일이기에 하나님께 매달립니다.
현재 골수이식을 위해 형제들의 DNA 검사를 하고
결과를 기다리는 중입니다.
기도해 주세요.

315 다시는 병원에 오지 않으리라 생각했는데

사랑하는 하나님,
우리 아기 다영이가 천사가 된 지 2달이 채 못 되어서
다영이 아빠가 위암으로 입원해 수술을 받았습니다.
큰 믿음을 주시려고 이런 시련을 또 주시는 거지요?
1년 동안 서울대병원에서 우리 다영이와 보냈는데,
다시는 병원에 오지 않으리라 생각했는데,
이제는 어린이 병동이 아닌 성인 병동에서
다영 아빠를 간호하고 있습니다.
하나님께 모든 것을 맡깁니다.
끝까지 믿음으로 지켜주시고,
이 순간도 우리를 위해 주님께서 기도해 주실 줄 믿습니다.

316 종양의 소견으로 보인다고 합니다

기도를 부탁드립니다.

항암치료와 **자가골수이식*** 등 힘든 치료를

하나님의 은혜로 잘 마쳤던 사랑하는 아들 11살 건우가

3년만에 면역항체 결핍증이라는 병명과 함께 열이 나서

폐렴인 줄 알고 입원했는데,

폐에 있는 것이 종양의 소견으로 보인다고 합니다.

이번 주말까지 기다려 봐서 X-Ray 상에 변화가 없으면

조직검사를 해야 한다고 합니다.

주님의 은혜로 꼭!

폐렴으로 변화되어서 치료 받고 퇴원하게 하실 줄 믿습니다.

믿음의 많은 가족 여러분,

꼭 기도해 주세요. 부탁드립니다.

하나님의 은혜가 여러분과 함께하시기를 바랍니다.

317 워낙 심한 근육의 마비 때문에

하나님, 모든 것은 하나님이 이루시고 만드십니다.
얼마동안 하나님 품을 떠나 생활한 것을 회개합니다.
나의 삶이 힘들고 고통스럽다고 여길 줄만 알았지
사랑하는 마음을 몰랐습니다.
하나님께서 저를 사랑하시고 우리 아이를 사랑하십니다.
고백합니다.
지난 날들의 삶이 아버지 뜻을 따라 살아온 것 아니고
나의 유익을 위한 삶이었다는 것을 이제야 회개합니다.
우리 아이 사랑하셔서 저에게 주셨습니다.
우리 아이는 **근육병(근이영양증)***을 앓고 있습니다.
현재 요로결석 수술을 받아야 하는데,
워낙 심한 근육의 마비 때문에 마취가 힘들다고 하오니
어려움 없이 마취에서 깨어날 수 있도록 도와주세요.
하나님 뜻 안에 이루어지는 삶 되기를 원합니다.
하나님, 모든 것 하나님께 맡깁니다.
긍휼을 베풀어 주시옵소서.

318 위급한 상황까지 왔지만

중환자실에 있는 24개월 된 김규빈을 위하여 기도드립니다.
지난 주일 위급한 상황까지 왔지만,
잘 치료되어 한고비를 넘겼습니다.
규빈이의 폐가 좁아져 인공호흡기 없이 숨을 쉬기 어려우니
스스로 숨 쉴 수 있게 해 주시고,
중환자실에서 빨리 나올 수 있게 해 주세요.
그리고 양쪽 신장에 종양이 있어 조혈모 이식을 했고,
지금은 소변 보는 것조차 어려워하오니
소변도 잘 볼 수 있도록 해 주세요.
목사님, 중환자실 면회시간에 가셔서 기도 부탁드립니다.

319 자식의 고통을 바라보아야 하는 엄마이기에

9월 13일, 폐동맥 성형과 **심방중격결손***을 다시 손질하고,
심장판막이 손상되어 인공판막 교체를 해야 하는
큰 부담을 안고 9월 15일 수술에 임했습니다.
기나긴 수면과 싸워야 했으며, 현재는 중환자실에서

인공호흡기를 달고 폐렴까지 동반하고 있습니다.
신앙이 뭔지로 모른 채 살아왔던 삶이었지만,
자식의 고통을 바라보아야 하는 엄마이기에
하나님께 간절한 바람으로 병원교회 문을 두드립니다.
길지도 않은 삶을 살면서
고통에 신음하는 저희 딸 채운이를 바라볼 때면
쓰라린 가슴과 하염없이 흘리는 눈물뿐입니다.
기도 받길 소원합니다.

320   18차 항암 마지막 입원입니다

백혈병으로 입원해 있는 우리 아이 지수,
18차 항암 마지막 입원입니다.
지금까지 하나님께서 함께하시고 치료해 주심 감사드려요.
지수의 생애 동안 이 시간이
소중한 시간으로 경험되게 하였습니다.
끝까지 함께하시고 귀하게 쓰임받는 딸 되게 해 주세요.

321   내일 다른 병원 중환자실로 옮기라고 하는데

1급 장애아 22살 아들.
스물 두 살이지만, 예닐곱 살밖에 안 되는 키와 몸입니다.
지금까지 주의 은혜로 살아왔지만,
폐와 장에 문제가 생겨 중환자실에 있습니다.
내일 다른 병원 중환자실로 옮기라고 하는데,
우리 아들을 포기하고 다른 병원으로 보내는 것 같아
마음이 아픕니다.
어느 병원에서든지 주의 손길로 치료되어
다시 엄마 품으로 올 수 있도록 기도 부탁드립니다.

322   하늘이 무너지는 것 같습니다

중환자실에 입원해 있는 김윤지 환자 이모입니다.
2006년 1월 28일,
열감기로 인한 경기가 2시간이 경과되어
경기 약을 4일 동안 맞았습니다.
28일 저녁 무렵부터 호전을 보이는 듯

맥박, 혈압, 심박, 온도 모두 정상으로 돌아오다가
갑자기 29일 새벽 1시쯤 호흡을 멈추고
인공호흡기에 의존해 중환자실로 왔으나,
현재 뇌사상태라 언제 하늘나라로 보낼지
가족들이 모여 상의하라고 합니다.
하늘이 무너지는 것 같습니다.
아버지, 응답해 주시기를······.

323 암환자의 고통과 두려움을 보시고

2005년 자궁경부암을 수술한 환자입니다.
지금은 정기검진을 받고 있습니다.
하나님께서 모든 암환자의 고통과 두려움을 보시고
한없는 긍휼로 치유의 은혜를 퍼붓듯 부어주시길 간구해요.
목사님께서 제가 입원해 있을 때 찾아와 기도해 주셔서
큰 위로와 힘이 되었습니다.
목사님도 늘 건강하시고 환자들 위해 기도 많이 해 주세요.
주님의 은총이 목사님께 가득하시길 기도합니다.

324 저와 가족이 갖는 희망의 파장이

남편은 중환자실에 있는 환자 중
가장 중한 편에 속하는 환자입니다.
몸 여기저기 피가 나고 멈추질 않습니다.
응급실에 온 뒤 지금까지 고비를 겨우겨우 넘고 있습니다.
수술 후 3년 동안 투여한 잠 재우는 약은
서서히 중단한다고 합니다. 그러면 혈압은 오를 수 있고
더 많은 출혈 가능성이 있다고 합니다.
하나님, 의사 말에 의하면 의학의 힘으로는 도저히
가능성이 없답니다. 참 답답한 마음입니다.
하지만 걱정은 이제 그만하고 희망적으로만 생각하렵니다.
저와 가족이 갖는 희망의 파장이 남편의 몸에
밝은 햇빛 같은 치료의 기운으로 가닿기를 바랍니다.
더 좋은 병원으로 옮기고,
고칠 수 있는 의사한테 가야 한다고 부모님은 말씀하시네요.
이곳에서는 피가 멈추는 방법밖에 희망이 없다고 하는데,
아무 의료지식조차 없는 저에게 부모님은 다그치십니다.
저는 지금 기도하고, 병원교회에서 받은 따뜻한 기운을

남편에게 주는 방법밖에 없다고 생각하는데…….
부모님께서도 이 병원을 믿고
꼭 회복될 것이라는 희망만을 생각하시길 기도드립니다.
그를 위해 기도하는 많은 친지, 친구, 이웃들이 있습니다.
그들이 모두 하나되어 치유에 대한 확실한 믿음을 갖고
기도드리길 바랍니다.
두서없이 쓴 글이지만, 기도 부탁드립니다.
교회에서 따뜻한 기운을 받고 돌아갑니다.

325 내일 내시경 검사를 합니다

크론병*을 앓고 있는 환자인데, 내일 내시경 검사를 합니다.
어머니께서 생업으로 인해 간병해 주실 수 없어
혼자 감당하고 있어요.
두려움과 고통 없이 무사히 마칠 수 있도록 지켜주시고,
주님께 예배드릴 수 있게 찾는 마음 주셔서 감사합니다.

326 아이가 11개월일 때

7년 전, 초기 위암이라며 이곳에서 수술을 받았습니다.
아이가 11개월 때 하나님께서 살려주실 것을 믿고 수술하고
7년이라는 시간 속에 평안을 누리며 감사로 지내왔습니다.
지금 재발인지, 남은 윗부분에 생긴 암인지는 알 수 없지만,
수술을 앞두고 있습니다.
지병인 **만성신부전***을 앓고 있는 터라 큰 두려움이 앞섭니다.
회복을 잘 할 수 있을지, 주님 뜻이 무엇인지 알 수 없지만,
감당하지 못할 시련을 주시지 않는다고 하신 주님께
간절히 기도합니다.
다시 회복시켜 주소서.
주께서 주신 평안을 누리며 살아갈 수 있도록…….

327   그 아이의 고통을 보며

병동에 입원 중인 어린이를 위해 기도합니다.

그 아이의 고통을 보며 예수님의 마음을 느낍니다.

병명도 모른 채 뇌손상을 입어

경기와 폐렴으로 의식도 없이

끊임없는 가래와 호흡곤란으로 고통당하는 준영이에게

주님의 평안과 치료의 손길이 임하기를 간절히 기도합니다.

하나님을 알지 못해

더더욱 소망도 없이 낙심하는 그 가정에

주님의 은혜와 만남이 이루어지기를 기도합니다.

주님, 주님도 질병으로 고통당하는 백성을 보며

애통해 하시고 질병을 꾸짖으셨습니다.

그 꾸짖으심이 준영이를 괴롭히는 병에게 임하여

고통에서 해방케 하소서.

기도 부탁드립니다.

328 안타까움에 어찌할 바 모르겠습니다

사랑하는 언니를 바라보면서
제 자신의 믿음을 확인할 수 있음을 감사드립니다.
어제, 오늘 죽음의 문턱에서 세상의 손을 놓지 못하고
의료진들이 포기한 말기 환우의 마지막 모습을 바라보면서
'정말 하나님의 방법뿐인 이 상태를 어찌 기도해야 할까?
내 믿음의 분량이 이렇게 작은 것일까?' 하면서
안타까움에 어찌할 바 모르겠습니다.
언니!
부디 하나님께 소망을 가지고 새 하늘과 새 땅을 소망하며,
영원한 나라 천국을 바라보는 기쁨의 시간을 맞이했으면 해.

329 우리 아기가 물 반 모금이라도

하나님,
우리 아기가 물 반 모금이라도 편하게 마실 수 있도록,
맘 편히 음식을 받아들일 수 있도록 고쳐주세요.
다리 깁스도 잘 마무리하여 아프지 않게 해 주세요.

330 생전 처음으로 기도를 드렸습니다

제 남편이 생전 처음으로 기도를 드렸습니다.
이 기도를 하나님 저버리지 마시고 꼭 응답하시고,
남편이 이제는 하나님을 만나 남은 여생
꼭 아름다운 믿음의 아들로 살기를 원합니다.

331 부작용이 클 것이라고 말합니다

하나님, 의사들은 부작용이 클 것이라고 말합니다.
시술조차 불가능하기에 마지막 방법이라고 합니다.
하나님의 은총으로 지금까지 부작용이 거의 없었잖아요.
하나님 아시지요? 이제 시작이라는 것을요.
잘 이겨낼 수 있는 용기를 주시고,
주님이 제 남편을 병에서 재빨리 구해내실 줄 믿습니다.
사랑합니다.
감사합니다.
저희와 같은 방에 계셨던 아저씨께서 위독하십니다.
그분께도 하나님의 큰 은총으로 잘 싸워 이기게 해 주세요.

332   통증 원인도 검사해도 안 나타나고

저는 59세입니다.

쓸개도 15살 때 잘라내고, 수술은 여러 차례 받았습니다.

1995년부터 손으로 셀 수 없을 정도로 병이 많았습니다.

통증 원인도 검사해도 안 나타나고

의사 선생님도 통증의 원인을 못 찾으시고,

소화장애라 하면서도 원인을 알지 못하니 답답합니다.

통증으로 너무 고통스럽습니다.

마취통증 클리닉에서 잇몸 시술도 여러 차례 받고 있지만,

효험이 없습니다.

틀니도 못한 채 이가 하나도 없는 상태로

십 년 넘게 먹는 것조차 힘겹습니다.

완쾌될 수 있도록 기도 부탁드립니다.

333   이젠 자기 힘으로 심장을 뛰게 합니다

응급실 중환자실에서 의사들은

제 친구 아롬이를 지켜보기만 합니다.

더 이상 아무것도 할 수 없다고 손 놓고 지켜보기만 합니다.

근데 이 녀석 이젠 자기 힘으로 심장을 뛰게 합니다.

심박수가 90······.

이렇게 살려고 발버둥치는데 의사들은 수술조차 안 해 주고,

저와 아롬이의 가족들은 어찌해야 하나요?

주님, 아롬이를 지켜주시고 치유해 주심을 믿습니다.

제 친구를 위해 기도해 주세요.

2번의 뇌출혈로 수술도 못하고 있는 상황입니다.

334 제게 시간이 얼마 남지 않았음을 들었습니다

하나님, 이수영입니다.

더 이상 수술도, 항암도 의미 없어 완화치료팀으로…….

제게 시간이 얼마 남지 않았음을 들었습니다.

고통 속에서 하나님을 부인하고 믿지 않았습니다.

주일에 온 힘 다해 예배 드리려고 했는데,

아파서 내려오지 못했습니다.

오늘 교회에 왔습니다.

태어나서 처음으로 간절하게 기도를 드렸습니다.

살고 싶어요. 아버지 낫고 싶어요.

제게 기적이 일어났으면 좋겠어요.

저는 고등학교 2학년입니다.

하나님, 저를 살려주세요.

12

결단의 삶이
우리의 기도입니다

335 이 고난의 의미를 알기 원합니다

송진아를 위해 기도하여 주시길 다시 부탁드립니다.

저는 모태신앙임에도 불구하고 사람에게 실망하여

주님의 손을 놓으려 하고 있습니다.

투병 중 구역장이나 목사님의 무성의한 태도에 실망하고,

지금 재발해 입원하고 있음에도

모교회에서는 전화 한 통 없어 실망하고 있습니다.

집에 돌아가서도 다닐 교회가 없습니다.

사람을 바라보지 않고 하나님만 바라보도록 기도해 주세요.

믿음을 회복하고 육체도 재생되도록 기도해 주세요.

지금 항암주사를 맞고 있습니다.

수술하고 회복되어 이전보다 더욱 주님의 일하길 원합니다.

주님의 향기를 발하길 원합니다.

하나님께서 주신 이 고난의 의미를 알기 원합니다.

이 고난으로 말미암아 주님께 더 가까이 다가가고

승리할 수 있는 힘 얻길 원합니다.

고난 중에서도 감사하며 기뻐하고 찬양하며 쉬지 않고

기도할 수 있는 믿음 얻기를 원합니다.

주님 앞에서만 눈물 흘리길 원합니다.

336 조금 빨리 부르셨을 거라고 생각하면서

우리 아버지의 장례식을 무사히 마쳤습니다.
오늘은 병원에 업무가 있어 잠시 왔다가 교회에 들렀습니다.
아빠를 반드시 일어나게 해 달라고 기도했었는데…….
하늘나라에서 우리 아버지 영원히 살게 해 주시려고
하나님께서 조금 빨리 부르셨을 거라고 생각하면서
그만 슬픔을 이겨내렵니다.
더 이상 병도, 아픔도, 슬픔도, 죽음도 없는 하늘나라에서
우리 아버지가 행복하시기를 기도드립니다.

337 적은 양의 면역 억제제로 살아가는 데 불편 없이

하나님, 회복 중에 있습니다.
이식 거부반응이 하루속히 제거되고 약물치료가 잘 되어서
적은 양의 면역 억제제로 살아가는 데 불편 없이
늘 감사하는 우리 가족 되게 하소서.
동맥이 작다고 하니 혈액순환에 어려움 없도록 도와주세요.
감사가 넘치는 하루하루 되게 해 주세요.

338   아직도 마음에 두려움이 많아

산과 31병동. 이번주에 어렵게 아기를 출산했습니다.
귀한 생명, 앞으로 복되게 키울 수 있도록,
성령 안에서 귀하게 성장할 수 있도록
기도로 이끌어주시면 감사하겠습니다.
아직도 마음에 두려움이 많아 힘들어하고 있습니다.
믿음이 없는 자에 대한 꾸짖음 그대로
제가 담대히 나아갈 수 있도록 기도해 주세요.

339   한없이 약하고 부족한

세상을 바쁘게 살다가 뒤와 앞을 돌아보고
새롭게 인생을 설계하고자 주님과 상의하였습니다.
주님 중심으로,
주님의 입장에서 그리고 말씀 중심으로 살자고
결단하고 기도하였습니다.
한없이 약하고 부족한 인간인데, 망각한 채 살고 있습니다.
주님, 용서하시고 범사에 감사하며 살겠습니다.

340 사랑하는 연인을 보는 마음으로

모든 환자가 웃으며 퇴원할 수 있도록,
제 초심이 흘러가는 강물처럼 처음과 끝이 같을 수 있도록,
저의 말로 인해 제 환자가 실족하는 일이 없도록
그들의 마음을 보살펴 주시고 그들을 안아주소서.
사랑하는 연인을 보는 마음으로 제 안에 주님의 사랑이 넘쳐
그들에게도 주님의 사랑이 느껴질 수 있도록
저를 주의 도구로 사용하소서.
주님, 함께 병실에서 투병하는 모든 이들의 아기들이
건강하게 자랄 수 있도록 도와주소서.
우리 병동 선생님들 가정에 평안과 사랑이 넘칠 수 있도록
가정을 지켜주소서.

341 아프지 않게 해 주시고

아프지 않게 하시고, 좋은 부모님 있게 해 주셔서 감사해요.
더욱더 멋진 주님의 제자가 되게 해 주시고,
부모님 말씀 잘 듣게 해 주세요.

342 사람을 살리는 손길이 되기를

하나님, 이 나라를 사랑하시고 의료계의 보석과도 같은
서울대학교병원을 세워 주심을 감사합니다.
하나님 안에서 거듭나서 세계적인 의료시설로
온 세계의 주목받는 병원이 되게 하여 주옵소서.
고통받는 자들이 자유하게 하며,
사람을 살리는 손길이 되기를 축복합니다.

343 이곳에서 입원 환우 신분으로 울며

목사님, 제가 이 교회에서 입원 환우 신분으로 울며
기도했던 많은 기도제목이 응답받았습니다.
그 중 한 가지,
"간증하며 살게 해 주세요." 했던 기도도 들어주셔서
이번 주일 우리 교회에서 간증을 합니다.
늘 저의 기도에 귀기울여 주시는 은혜에 감사드립니다.

344 희귀성 병의 어려움을 이겨낼 수 있는

하나님, 오늘 민준이가 퇴원했어요.

우리 민준이 가는 곳이 어디든 늘 아버지께서 지켜주세요.

마음, 몸, 영, 모든 것 지켜주세요.

민준이가 아버지를 향한 많은 궁금증이 있어요.

제 문제에 갇혀서 그것을 풀어주지 못한 것 용서해 주세요.

하나님, 같은 병실에 있는 우리 해동이가

오늘 골수검사를 받았는데, 결과가 나쁘다고 해요.

나연이를 지켜주세요.

희귀성 병의 어려움을 이겨낼 수 있는 믿음을 주시고,

그 믿음만큼, 그것보다 더 많이 주시기를 소망합니다.

하나님, 현민이가 중환자실에서 못 올라오고 있습니다.

축구선수가 되고 싶어했던 우리 민준이를 부디 만나주시고

기적을 이루어 주시기를 소망하고 또 바랍니다.

민준이의 **재생불량성 빈혈***도 돌봐주시고,

우리 모든 환자가족들이 하나님의 능력 가운데

재정적으로 어려움 겪지 않도록 도와주세요.

이들을 향한 안타까운 마음을 제게 주셨으니,

제 달란트를 이용하여 아버지의 일을 행할 수 있도록
힘 주시고 능력 주시고, 무엇보다 큰 믿음을 주세요.

345 무수한 고통이 있다 할지라도

하나님, 감사드립니다.
오늘 제가 주님을 찾고 의지하게 해 주신 것 감사드립니다.
동생 때문에 병원을 찾게 됩니다.
무수한 고통이 있다 할지라도 그 뒤에는
많은 은혜와 감사 조건이 있을 줄 믿습니다.
주님! 고맙습니다.
주님을 의지하며, 주님을 찾을 수 있는 시간이 있다는 것.
그 자체로 감사합니다.
동생이 건강할 수 있도록 지켜주세요.
동생이 밝고 건강하게 살도록 주님 허락하여 주옵소서.
늘 감사하는 사람이 되겠습니다.
감사만 느낄 수 있도록 허락하옵소서.

346 그 고통까지도 없애주실 수 있는

아빠가 식도암으로 병원에 오셔서
많은 분들의 기도를 받고 무사히 수술이 끝났어요.
이번 일을 통해 건강도 회복되고,
주님 만나길 간절히 기도합니다.
아빠는 하나님을 멀리하는 사도 바울과 같은 분입니다.
그렇지만 주님을 핍박한 바울이 남은 여생 주님을 섬겼듯이
아빠도 주님 만나고 변화되리라 믿고 기도하고 기다립니다.
아빠가 마취를 깨면 굉장히 고통스럽다고 합니다.
그 고통까지도 없애주실 수 있는 능력의 주님께 기도합니다.
마음과 몸을 깨끗하게 치유시켜 주셔서
새사람으로 거듭나길 소망합니다.
하나님 사랑합니다.

347 무엇을 해야 하는지 깨달음을 주세요

주님, 저 왔어요.

하나님께서 저를 너무 사랑하시는 줄 믿습니다.

그래서 이곳에 보내신 것도 주님의 뜻이 있는 줄 믿습니다.

주님, 저희 친정어머니께서 척추 디스크인 줄만 알고

전남 순천에서 이곳 서울까지 왔는데,

여러 차례 검사결과 **골연부종양***이라는 암이라고 합니다.

비록 연세는 많지만,

주님께서 쓰시는 도구는 나이와는 상관 없다고 믿습니다.

주님, 도와주세요.

지금까지 딸로서 효도 한 번 제대로 하지 못했습니다.

히스기야 왕의 기도로 생명을 15년 연장시켜 주신 것처럼

저희 어머니에게 치료의 광선을 비춰주셔서

다시금 주님을 전하는 도구로 회복시켜 주세요.

간증하며 주님을 전하는 하나님의 딸이 되게 해 주세요.

부족하고 못난 딸이, 지금이나마 효도하게 해 주시고,

주님을 위하여 무엇을 해야 하는지 깨달음을 주세요.

저희 어머니 몫까지 열심히 하겠습니다.

348 내가 왜 이렇게 아파야 하는지 원망하고 싶어질 때

하나님, 감사드립니다.
어렸을 때부터 건강이 좋지 않아 병원을 자주 오가야 했고,
중·고교 시절 3번의 수술과 입원 치료를 해야 했지만,
순간순간 함께하셨던 주님께 감사드립니다.
나약해질 때, 왜 이렇게 아파야 하는지
원망하고 싶어질 때 주님 뜻을 깨닫게 하셨고,
함께하심을 느끼게 하셨습니다.
수능 한 달 전, 전이가 되어 수술을 하게 되었는데,
기도 응답으로 수술도 잘 마치고
모두가 걱정하였던 전이가 아니었던 것에 감사합니다.
수술 후 잘 버틸 수 있도록 건강 허락하여 주시고,
대학에 진학할 수 있도록 허락해 주셔서 감사합니다.
주님, 저에게 허락하신 비전 가지고 나아갑니다.
주님을 위하여 살 수 있도록 허락해 주세요.
숨쉬는 순간마다 주님을 찬양합니다.
주님, 감사합니다.

349 사랑의 감격을 잊지 않기를

오직 주님만이 치유하십니다.
오직 주님만이 생명과 건강을 주관하십니다.
주님께서 원하시는 것이 무엇인지 생각하고 깨닫게 하시고,
끊임없이 그것을 추구하게 해 주세요.
체념하지 않고 주님 안에서 꿈꾸게 해 주세요.
어느 환자도 기도 없이는 주님을 만날 수가 없습니다.
아무리 각박해도 십자가 사랑의 감격을 잊지 않길 구합니다.
성도들의 기도를 보고 기도하며 갑니다.
기도하는 모든 영혼이 주님의 인도하심과 치유하심을
절대 잊지 않으며, 하나님을 사랑하는 자들 되게 해 주세요.
하나님의 치유를 전달하는 의료진들의 손길이
주를 기뻐하며, 순종하고 찬양하기를 원합니다.
당신이 기뻐하시는 겸손한 아들로 만들어 주소서.

350 생명을 귀히 여기는 간호사 되도록

우연히 병원 주변에 방을 알아보기 위해 왔다가
교회가 있음을 보고 기도하고 갑니다.
저희 오빠가 서울대학교병원 간호사로 일하게 되었습니다.
웨이팅 기간인데 감사하는 마음으로 준비할 수 있도록,
또한 믿음이 회복되고 생명을 귀히 여기는 간호사 되도록
중보해 주세요.
기도노트를 보며 부끄러운 마음과 주님이 주신 생명에 대해
깊이 묵상하게 되었습니다.

351 아픔을 통해 주님께 더 가까이

남편이 목 디스크 수술을 받고 오늘 퇴원합니다.
좋은 결과 있기를 기도합니다.
아픔을 통해 주님께 더 가까이 가기를 기도합니다.
항상 기다려 주시는 주님,
다급할 때 다가가도 받아주시는 주님,
온전한 삶을 살지 못한 우리에게 긍휼을 베푸소서.

의사 선생님들과 병원 스텝들에게
설명을 잘하는 은사를, 치유와 사랑의 은사를,
병으로 아픈 환자들에게 주님의 사랑과 긍휼하심을,
가족들에게 위로와 용기를 주옵소서.

352 지쳐있을 때도, 원망할 때 마저도

하나님, 오늘 많은 아이들이 입원하고 퇴원했어요.
그들 모두를 지켜주세요.
비도 오고, 같은 병실에서 두 명이나 퇴원하고,
그러나 다른 아이는 많이 아파서 퇴원하지 못하고 있어요.
아이들의 부모와 병실에 있는 모든 어린이들이
지치지 않도록 지켜주세요.
지쳐있을 때도, 원망할 때 마저도 사랑해 주시는 하나님,
신실한 딸이 되도록 노력할게요.
곧 잊어버리고 금새 맘대로 살아버린 저이지만,
그래도 지켜봐주세요.

353 합격하고 나서 많이 교만해졌습니다

서울대학교 의학과 학생입니다.
곧 서울대병원 인턴 선발 시험이 있습니다.
국가고시 앞에 주님만을 바라고 공부했는데,
합격하고 나서 많이 교만해졌습니다.
교만한 마음 버리고 오직 주님의 지혜와 능력만을 구하며
인턴 시험 잘 치르게 해 주시길 기도드립니다.

354 오늘 저의 기도가 하늘의 문 열기를

서울대학교 의대생이 되고 싶은
안산 동산고 2학년이 되는 학생입니다.
오직 주님의 능력으로 이곳의 의사가 되어
주님께 쓰임받는 의료선교사가 되고 싶습니다.
오늘 저의 기도가 하늘의 문 열기를 간절히 소망합니다.
주님, 저는 못합니다. 허나 주님은 능치 못함이 없으십니다.
주님께 제 인생을 드립니다. 저를 의사로 사용해 주세요.

355 지금 엄청난 선물을 받고 갑니다

하나님, 오늘 기도할 장소가 필요했는데,
이곳을 가르쳐 주셔서 감사합니다.
이 병원에 오랫동안 다녔지만 이제야 여기를 발견했어요.
아버지, 어제 목사님을 통해서 기도해 주셔서 감사합니다.
아버지의 은혜로 은행 문제를 해결함에 정말 감사드려요.
지금 엄청난 선물을 받고 갑니다.
오늘 집에 가서 말씀 다 읽고 묵상할 수 있게 해 주세요.
내일부터 있을 새벽예배 은혜 받게 해 주시고,
저희 가정이 아버지 안에서 하나 되게 허락하여 주세요.

356 한 환자, 한 환자에게 최선을 다하여

응급실에서 근무하는 응급구조사입니다.
한 환자, 한 환자에게 최선을 다하여 처치할 수 있도록
그리스도의 마음을 가지고 임할 수 있게 해 주세요.

357 〈어머니는 소풍 중〉이라는 책으로

1998년 여름에 퇴원한 환자의 보호자이며, 아들입니다.
1997년 11월 뇌출혈로 식물인간 상태가 되신 어머니를
지금도 간호하고 있습니다.
서울대학교병원에서 마지막으로 입원했던 98년 여름,
매일 이 기도노트에 기도제목을 올렸습니다.
2004년까지 매일 2시간씩 잠자며,
집에서 24시간 어머니를 간호했습니다.
제 젊은 꿈을 건축학도에서 호스피스 봉사자로 바꾸고
사력을 다해 간호해 드리며,
어머니는 집에서 매우 편안하신 모습으로
피부 욕창 한 점 없이 건강하게 지내셨습니다.
제 일기가 책 〈어머니는 소풍 중〉으로 출판되기도 했습니다.
모두 하나님의 은혜이며, 기도해 주신 분들의 덕분입니다.
저는 제 책으로 회사에 취직도 하고 결혼도 했지만,
4년간 요양병원에 계신 어머니는 많이 안 좋아지셨습니다.
사람들은 식물인간 어머니를 11년째 돌본다고 칭찬하지만,
제 마음은 무척 가난하고 낮아져 있습니다.

제 힘만으로는 고통의 문제가 해결되지 않기 때문입니다.
주님, 어머니의 병원을 내일 옮기는데
모든 환경을 주관하여 주시고,
제가 간호할 때 용기 잃거나 낙담하지 않도록 지켜주세요.
끝까지 사랑으로 돌볼 때 지금까지 함께하셨던 것처럼
필요한 물질을 공급하여 주시고,
위로와 격려가 끊이지 않도록 사람들을 보내주세요.
계속 설사하시는 어머니의 상황을 부디 호전시켜 주소서.
9년 전 제 기도를 들어주셨던 것처럼 제 소원을 들어주소서.

358 하고 싶은 일을 할 수 있도록 지켜주시고

하나님, 우연히 교회를 찾게 하시니 감사합니다.
영롱이의 신장을 만드신 하나님, 앞으로의 모든 삶속에서
건강으로 인하여 하고 싶은 일을 할 수 있도록 지켜주시고,
주님 품에 가는 순간까지 감사하며 살게 하옵소서.

359   하지만 마음에 긍정의 씨앗이

저는 초신자 입니다.
아이가 백혈병으로 투병한 지 5년이 되었네요.
가족 모두가 하나님께 더 가까워지는 기간이었습니다.
저의 마음에 있는 믿음의 뿌리가 하루빨리 자리 잡아
3월의 싱그러운 생기가 가득한 꽃처럼
어여쁘게 자라고 싶습니다.
성경은 잘 모르지만, 누군가에게 들었던 구절들이
저의 삶을 지탱해 주고 있습니다.
우리 아이 잘 보살펴 주시고, 저희 남편이 힘들지만
긍정적인 생각으로 주님 앞에 서게 해 주심을 감사드립니다.
다른 아이들 잘 지켜주셔서 고맙습니다.
다만 주신 만큼 기도드리지 못해 죄송합니다.
하지만 마음에 긍정의 씨앗이 주님의 은혜로 자리 잡고 있어
전보다 마음이 가볍습니다. 고맙습니다.
간혹 몸과 마음이 힘들다 하여 부정적으로 되었을 때
성경구절이 저를 붙잡아 줍니다.
설교하시면 졸리고 성경을 읽으려고 펴면 두 줄로 보이지만,

주님께서 저희를 지켜주신다는 믿음으로 살고 있습니다.

되도록 성경을 읽도록 노력해보겠습니다.

주님, 고맙습니다.

모든 것들이 다 감사입니다.

앞으로 잘 부탁드릴게요!

고맙습니다.

360 지난 삶의 부끄러움을 보게 되는군요

목사님, 어제는 참으로 감사했습니다.

어제 새벽기도에 조금 늦게 참석했는데,

오늘 아침에는 시계를 잘못 보고 늦어서 나가지 못했습니다.

빈 예배당에서 혼자 성경을 읽다 갑니다.

지금까지 세상의 것을 추구하다가 이제 70 가까이 되면서

지난 삶의 부끄러움을 보게 되는군요.

이제부터라도 진리의 말씀따라 살기로 다짐합니다.

참으로 어리석은 저희 부부를 불쌍히 여기셔서

도와주시기를 바랍니다.

361 간병인으로 일하게 되었습니다

간병인으로 일하게 되었습니다.
힘들지 않게 해 주시고, 좋은 환자 만나게 해 주세요.
제 길을 인도하여 주옵소서.
건강한 어른으로 세상이 감당치 못할 두 아들 되게 하시고,
지금 두 아들이 도배 일을 배워서 하고 있습니다.
힘든 상황입니다.
주님께서 동행하여 주시고 다스려 주세요.
집 떠나서 병원에서 잠을 잔다는 것이 쉽지 않지만,
잘 적응하게 해 주세요.

362 저에게 병이 들게 하셨을 때는

주님, 믿음을 의심하고 교회만 다닌 저를 용서하옵소서.
늘 투정만 부리고 기도를 정성으로 하지 않았는데,
안들어 주신다고 불평한 저를 용서해 주세요.
사지가 마비와 호흡곤란에 이르지 않게 하여 주심을
감사드립니다.
이렇게 글도 쓰고 걷고, 회복의 힘을 주시니 감사합니다.

주님, 병으로 인하여 믿음이 굳건해지고
기도로 생활하게 해 주셔서 정말 은혜롭습니다.
25,000:1. 그 수많은 사람 중
저에게 병이 들게 하셨을 때는 뜻이 있을 줄 압니다.
주님의 손으로 저를 회복시켜 주소서.
산증인이 되어 복음을 전파하고 선교를 하게 도와주세요.
주님, 이제 뛰고 놀이동산에 갈 수 있게 건강하게 해 주세요.

363   어떤 상황에도 생명의 주인은

하나님, 간암으로 색전술을 받았습니다.
많이 진행된 간암.
지난주 시술 받고 지금도 구토와 발열로 고통 중에 있어요.
빨리 증세가 회복되어 귀가할 수 있게 도우소서.
하나님께서 앞으로의 모든 치료와 사랑하는 아들의 앞날을
인도하시리라 믿습니다.
신앙생활을 게을리했던 부분도 회개하게 하시고,
어떤 상황에도 생명의 주인은 여호와 하나님이심을
기억하는 아들 되게 도와주소서.

364 가엾게 여기사 보듬어 주시고

유방암 환자입니다.
2년 전 수술을 받고 해마다 검사를 하고 있는 와중에
왼쪽 가슴 검사 결과를 기다리고 있습니다.
단순 석회이기를 기도합니다.
아이들이 어리고 아직 할 일이 많으니
하나님, 가엾게 여기사 보듬어 주시고
제게 가정을 통해 하나님의 뜻 펼칠 수 있도록 도와주세요.
검사결과 그냥 석회일 뿐이라고 판명나게 해 주세요.
2년 4개월 전, 오른쪽 유방암 수술을 했습니다.
다시는 제 몸 다치지 않고 강건해져서
우리 가족이 하나님 가정 되는데 쓰일 수 있도록 해 주세요.

365   암과 함께 살아도 좋습니다

간암 환자입니다.

색전술과 항암치료를 두 번 받았습니다.

결과가 좋다고 했는데 갑자기 뼈로 전이가 되었습니다.

머리뼈, 갈비뼈, 척추, 골반 등······.

무섭습니다.

다른 장기로 전이된 것보다는 다행이라고 하지만,

척추신경을 암이 건드렸는지 다리가 저리고 아픕니다.

다들 힘드시겠지만, 기도해 주세요.

저는 10살, 7살 아들을 둔 아빠입니다.

암과 함께 살아도 좋습니다.

완치가 안 되어도 좋습니다.

희망과 용기를 가지고, 고통스럽지 않게

생명을 연장시켜 주셔서 살았으면 좋겠습니다.

기도해 주세요. 도와주세요.

부록

의학용어 설명

부록 의학용어 설명

감마나이프 수술 머리를 절개하는 뇌수술과는 달리 파장이 짧은 감마선을 해당 부위에 쬠으로써 종양이나 혈관기형 등을 제거하는 방사선 수술법.

골수염 감염에 의해 뼈에 염증이 발생한 것.

골수이식 골수가 맞는 사람에게서 채취한 골수를 환자에게 이식.

골연부종양 사지, 골반 및 척추의 뼈, 근육, 관절 조직에 생기는 종양.

골육종 뼈에서 발생하여 유골조직 및 골조직을 만드는 악성 종양. 골육종은 모든 부위의 뼈에서 생길 수 있지만 보통 긴 뼈의 말단부위와 무릎 부위에 흔히 발생.

관해 일시적으로 호전하거나, 또는 거의 소멸된 상태.

괴사성 장염 대장 중 결장 부위에 많이 생기는 괴사성 염증. 신생아괴사성장염은 주로 생후 1주 이내의 미숙아나 저체중아에게 많이 나타남.

구강암 입안의 혀, 혀 밑바닥, 볼 점막, 잇몸, 입천장, 후구치삼각, 입술, 턱뼈 등에 발생.

근육병(근이영양증) 점진적인 근력감소로 인한 보행능력의 상실과 호흡 근력의 약화, 심장 기능의 약화 등을 특징으로 하는 질환군.

근육염 근육에 염증이 생겨 근섬유가 손상되는 질환.

급성 골수성 백혈병 비림프구성 또는 골수에서 만들어지는 골수성 백혈구의 전구세포에서 기원한 악성종양. 성인의 급성 백혈병 중 가장 흔한 형태로서 급성 백혈병의 65%를 차지함.

급성파종성 뇌척수염   급성 및 단상의 임상 경과를 보이며, 중추신경계를 침범하는 자가면역성 탈수초성 질환. 중추신경계의 급성 자가면역성 수초탈락병(신경세포의 축삭을 둘러싸고 있는 절연물질인 수초가 벗겨지는 질환).

뇌경색   뇌졸중의 종류, 뇌조직은 평상시에도 많은 양의 혈류를 공급받고 있다. 그런데 다양한 원인으로 인하여 뇌혈관에 폐색(혈관 등을 이루는 관이 막히는 경우)이 발생하여 뇌에 공급되는 혈액량이 감소하면 뇌조직이 기능을 제대로 하지 못하게 됨.

뇌부종   뇌의 세포 내 또는 세포 외 공간에 수분이 과도하게 축적된 상태. 뇌 실질 내 수분 함량의 비정상적인 증가로 인해 뇌조직의 용적이 증가한 상태라고 정의.

뇌성마비   미성숙한 뇌에 출생 시 또는 출생 후 여러 원인인자에 의해 비진행성 병변이나 손상이 발생하여 임상적으로 운동과 자세의 장애를 보이게 되는 질환. 뇌성마비는 하나의 질병이 아니라 비슷한 임상적 특징을 가진 증후군들을 집합적으로 일컫는 개념.

뇌염   뇌 실질의 염증성 질환을 총칭하는 말로서 뇌를 싸고 있는 뇌수막에 생기는 염증(뇌수막염)과는 다른 질환. 뇌수막염과 뇌염이 함께 있는 경우는 이를 수막뇌염이라고 함.

뇌졸중   뇌졸중 내지 뇌혈관질환이라고 하는데, 뇌혈관이 막혀서 발생하는 뇌경색 또는 허혈성 뇌혈관질환과 뇌혈관이 터져서 발생하는 뇌출혈 또는 출혈성 뇌혈관질환으로 나뉨. 뇌기능의 부분적 또는 전체적으로 급속히 발생한 장애가 상당 기간 이상 지속되는 것으로, 뇌혈관의 병 이외에는 다른 원인을 찾을 수 없는 상태를 일컬음.

뇌종양   두개골 내에 생기는 모든 종양을 말하며, 뇌 및 뇌 주변 구조물에서 발생하는 모든 종양을 포함.

뇌출혈   두개강 내 뇌조직에 혈액을 공급하는 혈관이 파열되어 혈액이 뇌조직으로 새어나가는 질병. 두개 내에 출혈이 있어 생기는 모든 변화를 말하는 것으로 출혈성 뇌졸중이라고도 함.

뇌하수체 선종 뇌 조직 중 호르몬 분비를 담당하는 뇌하수체에 발생하는 모든 양성종양.

다발성 근육염 전신적인 결합조직 질환으로 근육의 염증과 퇴행성 변화를 특징으로 함.

로타바이러스 감염 로타바이러스에 감염되어 구토와 발열, 묽은 설사, 탈수증이 나타나는 질환.

루게릭병 운동신경세포만 선택적으로 파괴되는 질환.

루푸스 면역계의 이상으로 온몸에 염증이 생기는 만성 자가면역질환.

림프관종 드물게 발생하는 선천성 양성 종양으로, 피부와 피하조직의 림프계의 선천적인 림프관 형성이상으로 발생하는 것으로 알려져 있음.

림프종 우리 몸의 면역체계를 구성하는 림프계에 발생하는 종양. B-림프구, T-림프구, 자연살해세포, 리드스텐버그 세포 또는 림프구와 조직구에서 기원하는 림프세포 증식 질환.

만성신부전 3개월 이상 신장이 손상되어 있거나 신장 기능 감소가 지속적으로 나타나는 질병.

모야모야병 대뇌로 들어가는 양측 속목동맥(내경동맥)의 끝부분과 앞대뇌동맥과 중대뇌동맥의 시작부분이 점진적으로 좁아지다가 막히는 소견과, 이로 인하여 좁아진 동맥부분 인접부위의 뇌기저부에서 가느다란 비정상적인 혈관들이 자라나와 모여 있는 혈관망이 뇌동맥조영상에서 나타나는 뇌혈관질환.

미주신경자극기 미주신경을 자극하여 뇌전증 환자의 발작을 조절하는 장치. 뇌전증 환자들이 스스로 전기자극을 주어 발작을 조절할 수 있도록 고안한 장치. 발작시간과 횟수를 줄이거나 발작강도를 낮추는 등의 효과가 있음.

배아세포종 생식세포에서 기원한 종양을 총칭하는 생식세포종이라는 질병군의 한 종류인 악성 뇌종양.

백혈병 혈액 세포에 발생한 암으로서, 비정상적인 혈액세포 (대부분 백혈구에서 유래하며 드물게 적혈구계, 혈소판 계에서도 가능)가 억제되지 않고 과도하게 증식하여 정상적인 백혈구와 적혈구, 혈소판의 생성이 억제되는 혈액암을 통칭하는 용어.

복막투석 신장 기능이 떨어진 경우 뱃속으로 통하는 관을 삽입하여 투석액을 교환하는 시술. 신장 기능이 없는 신부전 환자에게서 몸 안의 노폐물과 수분을 제거하기 위해 시행하는 투석의 일종.

색소성융모결절성 활막염 30~40대에서 슬관절과 고관절 등 큰 관절에 호발하나 작은 관절, 건초나 점액낭에서도 발생.

선천성 거대모반 선천적으로 멜라닌 세포가 표피 또는 진피에 과도하게 증식하여 발생된 크기 20cm 이상의 색소성 모반.

선천성근육병증 유전적인 요인에 의하여 발생하며, 진행성 근력저하 및 근육위축을 유발하는 근육병증.

숙주반응 조혈모세포이식 시 수혈된 림프구가 면역 기능이 저하된 숙주(수혈 받은 사람의 신체)를 공격하여 발열, 발진, 간 기능 이상, 설사, 범혈구 감소증(백혈구, 적혈구, 혈소판이 모두 감소된 상태) 등의 증상을 일으키는 질환.

신부전증 신장 기능이 저하된 상태를 의미하며, 임상 경과에 따라 급성과 만성으로 구분.

심근병증 선천성, 판막질환, 고혈압, 관상동맥질환, 심낭질환 등 다른 심장질환 없이 심장 근육에 이상이 발생하는 질환군을 일컫는 말. 임상적으로 확장성, 비후성, 제한성 심근병(증)으로 구분.

심방중격결손 좌우 양 심방 사이의 중격(중간 벽)에 구멍(결손)이 있는 경우.

심부전 심장의 기능 저하로 신체에 혈액을 제대로 공급하지 못해서 생기는 질환.

심장판막 심장 내 혈액이 역류되지 않도록 돕는 얇은 막, 심장판막은 혈액이 한 방향으로 일정하게 흐르도록 도와주는 얇은 막 구조물로, 사람을 포함한 포유류에게는 네 종류의 판막이 존재.

심폐소생술 호흡이나 심장박동이 멈추었을 때 인공적으로 호흡을 유지하고 혈액 순환을 유지해 주는 응급처치법.

악성 흑색종 멜라닌 색소를 만들어 내는 멜라닌 세포의 악성화로 생기는 피부암.

알렉산더병 신경계 퇴행성 변화가 점진적으로 일어나는 질환. 주로 영아기와 아동기 초반에 증상이 나타나지만, 드물게 아동기 후반 또는 청소년기, 성인기에 나타나는 경우도 있음.

윌름스 종양 소아의 신장에 생기는 종양. 성인에 주로 발생하는 신세포암과는 조직학적(현미경하에서 관찰한 결과)으로 구별됨.

윌슨병 인체 내 구리 대사 이상으로 인하여 간, 뇌, 각막, 신장 및 적혈구에 구리가 침착되어 생기는 보통염색체 열성 유전질환.

육종 뼈나 연부 조직에서 발생하는 암.

윤활막염 외상이나 심한 운동자극에 의하여 발생하는 관절 질병.

자가골수이식 고용량의 항암제를 투여한 후 골수 또는 말초혈액 내의 조혈모세포를 재주입 함으로써 골수저하를 극복하는 치료법. 자가조혈모세포이식술이라고도 함.

장폐색증 장, 특히 소장이 부분적으로 또는 완전히 막혀 음식물, 소화액, 가스 등의 장 내용물이 통과하지 못하는 질환.

재생불능성 빈혈 골수에서 혈구 생성이 잘 되지 않는 데서 나타나는 빈혈.

조울증 질환의 경과 중 한 번 이상의 조증과 더불어 우울증 증상이 동반되기도 하는 기분 장애의 대표적인 질환 중 하나임. 기분이 들뜨는 조증이 나타나기도 하고, 기분이 가라앉는 우울증이 나타나기도 한다는 의미에서 '양극성장애'라고도 함.

조혈모세포이식　혈액종양 환자에서 항암 화학 요법 및 방사선 요법으로 암세포와 환자 자신의 조혈모세포를 제거한 다음 새로운 조혈모세포를 이식해 주는 치료법.

척수염　뇌와 말단 팔다리 신경을 연결하는 다리 역할을 하는 중추신경계인 척수의 백색질 또는 회색질에 발생한 염증.

카사이 수술　담관 폐쇄로 진단된 경우에는 카사이 수술을 시행. 카사이 수술은 막힌 담관을 제거하고 장의 일부를 떼서 간과 소장을 직접 연결하여 담즙을 소장으로 보내는 치료 방법.

크론병　입에서 항문까지 소화관 전체에 걸쳐 어느 부위에서든지 발생할 수 있는 만성 염증성 장질환. 궤양성 대장염과 달리 염증이 장의 모든 층을 침범하며, 병적인 변화가 분포하는 양상이 연속적이지 않고 드문드문 나타나는 경우가 많음.

패혈증　미생물에 감염되어 발열, 빠른 맥박, 호흡수 증가, 백혈구 수의 증가 또는 감소 등의 전신에 걸친 염증 반응이 나타나는 상태.

폐렴　폐(허파)의 세기관지 이하 부위 특히, 폐포(공기주머니)에 발생한 염증.

혈액암　혈액을 구성하는 성분에 생긴 암, 혈액을 만드는 조혈세포에 암세포가 생성되는 백혈병, 림프구에서 암세포가 만들어지는 악성림프종, 항체를 만드는 형질세포에서 아세포가 생성되는 다발성 골수종 등.

흉선암　흉선(가슴의 종격동 앞쪽에 위치하는 면역기관)에서 발생하는 악성종양 종류.